SOCIÉTÉ DES INGÉNIEURS CIVILS
DE FRANCE
FONDÉE LE 4 MARS 1848
Reconnue d'utilité publique par décret du 22 décembre 1860
10, Cité Rougemont, 10
PARIS

LE PNEUMATIQUE

SON APPLICATION
AUX VOITURES A CHEVAUX ET SANS CHEVAUX

Conséquences de cette Application

PAR

M. A. MICHELIN, O, O. ✠
INGÉNIEUR E. C. P.
MEMBRE DE LA SOCIÉTÉ DES INGÉNIEURS CIVILS DE FRANCE

EXTRAIT DES MÉMOIRES DE LA SOCIÉTÉ DES INGÉNIEURS CIVILS DE FRANCE
(*Juin 1896*)

PARIS
10, Cité Rougemont, 10
1896

SOCIÉTÉ DES INGÉNIEURS CIVILS
DE FRANCE
FONDÉE LE 4 MARS 1848
Reconnue d'utilité publique par décret du 22 décembre 1860
10, Cité Rougemont, 10
PARIS

LE PNEUMATIQUE

SON APPLICATION

AUX VOITURES A CHEVAUX ET SANS CHEVAUX

Conséquences de cette Application

PAR

M. A. MICHELIN, O, O. ✠

INGÉNIEUR E. C. P.
MEMBRE DE LA SOCIÉTÉ DES INGÉNIEURS CIVILS DE FRANCE

EXTRAIT DES MÉMOIRES DE LA SOCIÉTÉ DES INGÉNIEURS CIVILS DE FRANCE
(Juin 1896)

PARIS
10, Cité Rougemont, 10

1896

LETTRE-PRÉFACE

Paris-Pneumatique! Quel joli titre cet hiver pour une revue de fin d'année! Quel joli titre, oui; et, grâce à vous, mon cher Monsieur Michelin, — quand, dans quelques années, une voiture à jantes cerclées de fer nous semblera aussi grotesque qu'aujourd'hui un vieux bicycle en bois, — ah! Monsieur Michelin, quelle reconnaissance vous auront les nerfs des Parisiens!

Les nerfs des Parisiens!... Ah! combien les heureuses gens qui ont, pour la première fois, ouvert les yeux et les oreilles dans une province somnolente, et qui depuis y laissent couler leur vie, ignorent cette souffrance toute particulière aux grandes capitales : *l'énervement par le bruit des voitures!*

Tout petit, bébé accroché à ma nourrice, alors que certes je ne songeais encore qu'à des pneumatiques plus doux même que ceux que j'admire maintenant dans vos magasins, je crois me rappeler que déjà je souffrais du bruit satanique de ma ville natale! Les premières horreurs que j'aie éprouvées dans mon existence ont dû s'adresser aux omnibus épileptiques, aux fiacres déhanchés, à toutes ces roues de fer qui battaient les pavés comme des milliers de marteaux sur des milliers d'enclumes et dont la trépidation faisait trembler autour de ma tête mes cheveux longs, roulés en petits ressorts à boudins.

Plus tard, gamin, condamné aux travaux forcés dans un collège de Paris, je m'enfonçais les doigts dans les oreilles pour mettre une muraille entre le vacarme cependant lointain de la ville, et mon cerveau en labeur d'une phrase de Tacite!

Étudiant, j'ai souffert du bruit de Paris. Aujourd'hui même, travailleur quotidien pour mon pain et pour mon plaisir, je gémis de ces clameurs de pavés qui ne s'éteignent jamais, de ce roulement de milliers de voitures qui, même entendu de l'appartement calme d'un quartier d'antipode, vous vient dans les oreilles, par-dessus tous les toits, comme le tapage sourd d'une mer qui déferle!

Paris-Pneumatique! Paris beau, Paris gai, Paris grouillant sous le soleil ou sous la pluie — et par-dessus le marché, Paris sans énervement, Paris sans casse-tête! Dans deux ans, dans cinq ans seulement peut-être, car la routine est tenace, nous n'entendrons plus dans nos rues, au passage des voitures, que la nette cadence des pieds des chevaux ou le souffle rapide des automobiles, et le tintement gai de leurs grelots.

Paris-Pneumatique! Dans les omnibus et les fiacres, la danse de Saint-Guy actuelle des carreaux, ces vitres qui vibrent, tous les souvenirs odieux de la circulation présente auront disparu!

Nous aurons oublié cette ridicule comédie qui consiste aujourd'hui à prendre une voiture dans Paris : entrer, le dos courbé, dans une caisse de bois, de fer et de verre, attelée au derrière d'une bête sur laquelle tape une autre! C'est dans de telles sinistres malles, cahotées sur le pavé bossu, que nous transportons nos tristesses, nos joies, nos affaires, voire nos farces, à la veille du vingtième siècle! Et les carrossiers sont fiers!...

Paris-Pneumatique! Mais un fiacre vulgaire, ce sera un petit salon à roulettes qui passe!

Paris-Pneumatique! Paris sans écrasés, Paris sans rassemblement de badauds pour apercevoir le cheval étendu, dont la roue ferrée d'une voiture adverse vient de briser la jambe!

Des écrasés? Il y aura toujours des passants assez étourdis pour essayer d'arrêter un coupé avec leur tête, — mais ce ne seront plus que des écrasés pour rire, des écrasés qui se seront crus morts cinq secondes et qui, en se relevant, seront tout étonnés de n'avoir sur la joue qu'un peu de poussière du rude baiser du pneumatique!

...Mon cher Monsieur Michelin, je suis heureux de vous encourager ici dans la grande campagne que vous avez entreprise, parce que c'est là une campagne *vraie*. Il est hors de doute pour un calculateur, pour un simple homme raisonnable même, que *le pneumatique est au moins aussi utile aux voitures qu'aux bicyclettes*. Je sais, et je m'en réjouis, que déjà les commandes dépassent la production de vos usines. Agrandissez-vous encore, car toutes les voitures de Paris vont venir à vous!

Faites-nous ainsi rapidement un Paris-Pneumatique, un Paris idéal où l'on s'entendra respirer, où l'on se sentira vivre. Cette année, montez sur coussins d'air les voitures de maître, les fiacres et les automobiles; l'année prochaine, les omnibus...

Et Gavroche lui-même vous donnera sa commande : « S'il vous restait une « paire de roues pneumatiques, montez-la sur un véhicule que les cahots « démoliront un jour, montez-la sur le char de l'État, dites?... »

L. Baudry de Saunier.

LE PNEUMATIQUE

SON APPLICATION

AUX VOITURES A CHEVAUX ET SANS CHEVAUX

Conséquences de cette application

Ayant été amené, il y a deux ans, pour la défense d'un syndicat de constructeurs français, à faire des recherches dans le but de démontrer que les Anglais n'étaient pas seuls à avoir le droit de fabriquer des bandages pneumatiques, et que, depuis de longues années déjà, le **pneu** était dans le domaine public, l'annonce suivante nous tomba sous les yeux, en feuilletant une collection de *Mechanics' Magazine*.

Dans les numéros 1235, 1236, 1237, 1238 et 1239, parus en avril et mai 1847 (il y a donc bien près de cinquante ans), nous avons lu :

« MM. Whitehurst and Cᵒ, carrossiers, se sont assurés une licence de M. Thomson (le breveté des roues aériennes) pour pouvoir les placer à toutes sortes de véhicules. Ces roues donnent aux voitures une douceur de mouvement complètement impossible à atteindre par n'importe quelle sorte de ressort; elles empêchent complètement la voiture de faire aucun bruit, elles préviennent tout choc, toute secousse; et la traction est considérablement moindre qu'avec les roues ordinaires, spécialement sur les mauvaises routes.

MM. Whitehurst and Cᵒ ont garni un coupé avec les roues aériennes de façon à ce que les personnes désireuses de les essayer puissent le faire. S'adresser 313, Oxford street. »

Cela s'écrivait en 1847, c'est-à-dire sous le règne de Louis-Philippe. C'est bien le cas de dire que rien n'est nouveau sous le soleil. Nous sommes obligés de reconnaître que cinquante ans plus tard, nous aussi n'avons rien trouvé de mieux, pour faire comprendre au public les avantages du pneu, que de l'engager à faire une promenade dans une voiture à pneus.

C'est un an auparavant, le 22 août 1846, dans le numéro 1202, que le *Mechanics' Magazine* signala, pour la première fois, l'invention de

Thomson à ses lecteurs. Il y revient plus en détail dans le numéro du 27 mars 1847, nous y lisons :

« L'avantage le plus évident, en réalité le seul, qui, à première vue, semblerait devoir résulter de la substitution d'un bandage élastique à un bandage non élastique, est une diminution du bruit ; et de là vient que nous avons été conduits, dans notre premier avis, à caractériser ces roues comme silencieuses, plutôt que de les distinguer par une autre propriété quelconque. Il a été si longtemps regardé comme une chose certaine que la friction est moindre avec les substances dures et plus grande avec les substances molles, que, par un fait d'induction naturelle, sinon peut-être strictement logique, nous en avons conclu que, bien que dans ce cas le bruit pût être moindre, la friction, et conséquemment la puissance de traction nécessaire, seraient plus grandes. Nous devons avouer franchement que nous nous attendions peu à voir l'inverse de ceci être la vérité. Cependant, il en est ainsi ; des expériences conduites avec beaucoup de soin, et que nous avons nous-mêmes répétées et vérifiées, prouvent incontestablement que la friction et la traction sont diminuées d'une façon considérable par l'usage de ces roues. Les expériences que nous signalons ont été faites le 17 mars 1847 par MM. Whitehurst and C°, les éminents constructeurs de voitures, et par l'inventeur, M. William Thomson, sur une longueur de route dans Regent's Park. La moitié de cette route était égale et ferme, et l'autre était couverte de pierres nouvellement cassées.

Les résultats sont indiqués dans le tableau suivant :

Poids de la voiture . . . . 10 1/2 quintaux.

Sur une route ferme, unie, dure, macadamisée et de niveau, la traction réelle mesurée en livres, a été, avec les roues ordinaires, de . . . . 45 livres.

Avec les roues brevetées, de . . . . 28 —

L'économie de traction pour les roues brevetées est donc de . . . . 100—62 = 38 0/0

Sur les cailloux nouvellement cassés :

Avec roues ordinaires, on a mesuré un effort de . . . . 120 livres.

— brevetées, — — . . . . 38 1/2 livres.

Économie . . . . 100—32 = 68 0/0 —

L'instrument employé dans les deux cas, pour mesurer la force de traction était un dynamomètre à ressort ordinaire qui, comme tous nos lecteurs scientifiques le savent, est de beaucoup inférieur à l'appareil à huile et à piston de M. Mac Neill, et ne peut donner que des résultats approximatifs. Toute l'approximation qu'on voudra cependant sera aussi bien en défaveur des roues ordinaires que des roues brevetées et ne pourra pas, en aucun cas, affecter une différence aussi grande que celle de 38 à 68 0/0. Il demeure ainsi établi que nous avons une roue qui, non seulement fait peu de bruit ou qui, à strictement parler, est en elle-même tout à fait silencieuse (car il a semblé que tout le bruit était occasionné par le corps de la voiture et les parties qui s'y rattachent) mais qui exige un bien moindre effort de traction, par conséquent, doit être beaucoup moins sujette à l'usure et durer proportionnellement plus longtemps : on nous a déclaré que les roues de la voiture avec lesquelles nous avons fait nos expériences ont roulé pendant plus de 1,200 milles sur toutes sortes de routes ; et cependant nous n'avons pas pu y trouver le moindre symptôme de détérioration ou d'usure. »

Les théories émises au début de ce dernier article, sur la friction des roues contre le sol, valurent à son auteur la lettre rectificative suivante d'un ingénieur du temps :

Mechanics' Magazine *du 10 avril 1847.*

Monsieur,

« L'importance qu'il y a pour votre journal à ne disséminer que des principes mécaniques corrects, m'amène à vous suggérer que la traction d'une voiture est indépendante de la friction entre le bandage et la route et est due : 1° à la friction entre la roue et l'essieu ; 2° à ce qu'on peut appeler la résistance au roulement, à la circonférence de la roue. Cette résistance n'est nullement analogue à de la friction, mais est, en réalité, égale, sur une bonne route ferme, au travail dépensé, et par conséquent perdu, en produisant les vibrations imprimées par les aspérités de cette route, vibrations qui sont suffisamment manifestes quand une lourde voiture passe.

Quand la voiture est suspendue, la force ainsi absorbée est diminuée et c'est pourquoi les faits cités dans l'article de tête de votre dernier numéro 1233, sont parfaitement ceux que des principes mécaniques corrects permettaient de prévoir. Je sais que la résistance au roulement a été *improprement* nommée friction par certains écrivains de mécanique, et c'est probablement ce qui vous a conduit à faire une erreur. Cependant, j'espère que ces quelques mots pourront avoir quelque influence en vous conduisant à remarquer que le *raffinement du langage* a quelque rapport avec le *raffinement de la science*.

Je suis, Monsieur, votre, etc. »

Signé : J.-F. Heather.

Enfin, pour terminer ces citations, je vous demanderai la permission de vous lire quelques passages d'un dernier article paru deux ans plus tard dans le même journal (*n° 1347 du 2 juin 1849*) et qui vous montre que l'inventeur était arrivé, après ces deux années d'études supplémentaires, à construire un bandage qui ne diffère de ceux qu'on fabrique aujourd'hui que par des détails insignifiants. Déjà, en 1847, Thomson avait la chambre à air en caoutchouc pur, non toilée, indépendante de l'enveloppe, qu'à cette époque il fabriquait en cuir. En 1849, il construisait son pneu, non plus avec une enveloppe extérieure en cuir, mais bien avec une enveloppe en toile et caoutchouc, et même, tout comme nous, il renforçait l'épaisseur de ce caoutchouc sur la partie roulante du bandage.

The Mechanics' Magazine.

Volume 50, samedi 2 juin 1849, n° 1347, page 522.

Roues brevetées de Thomson.

« Nous avons eu récemment le plaisir d'une promenade dans une voiture garnie avec ces roues. Quelques perfectionnements y ont été faits, depuis que nous avons donné leur description dans un numéro précédent (1233).

Ces perfectionnements sont d'un caractère très marqué : l'enveloppe de cuir du tube à air a été remplacée par une enveloppe faite avec une sorte spéciale de toile manufacturée expressément dans ce but, et sur l'extérieur de cette toile, à l'endroit où elle est exposée à l'usure, parce qu'elle vient en contact avec le sol, une bande de caoutchouc a été placée. La résistance du caoutchouc à ce traitement est extraordinaire ; non seulement il ne perd pas d'épaisseur, mais la surface initiale reste complètement sans modification. Une preuve curieuse nous en fut donnée en comparant un morceau neuf de caoutchouc vulcanisé avec la surface du caoutchouc sur une roue de voiture qui a été constamment en usage depuis environ deux mois : le caoutchouc neuf était marqué sur sa surface par une impression nettement dessinée de toile fine de coton (cette impression provient, nous le supposons, de ce que le caoutchouc est étendu sur l'étoffe lorsqu'il est dans un état mou, pour être confectionné en feuilles) et nous avons trouvé cette impression aussi nette sur la roue que sur le caoutchouc neuf. Cette impression sur la surface de la gomme, quoique nettement dessinée n'a pas de profondeur de telle façon que, s'il y avait eu la moindre usure, elle aurait été complètement supprimée.

Malgré l'opinion, que beaucoup de gens se feraient en voyant pour la première fois les roues, que la traction doit être de beaucoup augmentée par un bandage doux et cédant; la traction est, sans aucun doute, beaucoup diminuée. Nous avons nous-mêmes fait une série d'expériences et nous nous sommes pleinement assurés de ce fait. La table suivante montre les résultats d'un grand nombre d'expériences faites avec un dynamomètre : la même voiture fut expérimentée avec des roues ordinaires et des roues brevetées sur les mêmes longueurs de routes, avec la même charge dans la voiture et les conditions, dans tous les cas, aussi égales que possibles. La vitesse était de 9 milles par heure. Le poids de la voiture avec sa charge était de 15 quintaux.

Dans les rues pavées, la voiture a demandé :

Avec les roues ordinaires, un effort de traction de. . . . . 48 livres.

Avec les roues brevetées, un effort de seulement. . . . . 28 —

Sur les routes macadamisées, propres, unies et dures :

Avec les roues ordinaires, il a fallu développer. . . . . 40 —

Avec les roues brevetées, il a fallu seulement . . . . 25 —

Sur morceaux de granit cassés, nouvellement mis sur la route : roues ordinaires . . . . 130 —

Sur morceaux de granit cassé, nouvellement mis sur la route : roues brevetées. . . . . 40 —

Ces résultats sont dus entièrement à ce fait que les bandages sont parfaitement élastiques aussi bien que doux; ils ne s'enfoncent pas dans les graviers friables, ou dans le terrain mou, comme le font les roues ordinaires; dans les rues pavées, ils ne retardent pas la voiture en recevant des chocs constants de chaque pavé ou autres obstacles qu'ils ont à franchir; ils cèdent à toutes les inégalités; permettent à la voiture de passer sans s'élever, et le bandage élastique reprenant sa forme dès qu'elle a passé par-dessus l'obstacle, restitue la force prêtée un moment pour comprimer le bandage.

Nous nourrissons un confiant espoir que ces roues viendront bientôt en usage : le silence parfait avec lequel elles roulent, leur donne une place incomparable à côté des voitures ordinaires à ressorts. L'économie de chevaux paiera plus que la dépense initiale qu'elles nécessitent et elles peuvent être renouvelées, nous le pensons, à peu près avec la même dépense que les roues ordinaires. »

Pourquoi une invention si ingénieuse, si complètement étudiée, est-elle restée près de cinquante années dans l'oubli, si bien disparue que l'Irlandais Dunlop a sans doute cru, en 1888, qu'il brevetait pour la première fois le principe du pneu? Est-ce parce que les résultats mirifiques annoncés par les articles que je viens de lire sont absolument faux? Est-ce uniquement parce que dans ce temps-là les questions : *confortable*, *vitesse*, *économie de force*, n'étaient pas à l'ordre du jour?

Non, les résultats ne sont pas faux, car qui dit choc dit perte de force, et il est évident que le pneumatique supprime les chocs presque entièrement.

En 1878, le professeur *Marey*, de l'Institut, dans une conférence très remarquée qu'il fit, le 29 août, à l'Association française pour l'avancement des sciences, établissait que la suppression des chocs dans la traction, économise une certaine partie du travail moteur : chose curieuse il montrait déjà quelques-uns des desiderata auxquels le pneumatique vient donner satisfaction :

« Lorsqu'une voiture, disait-il, est mal construite et mal attelée, le voyageur est cahoté; la route est détériorée; le cheval se fatigue plus qu'il ne faudrait et souvent est blessé par les pièces du harnais. Constater ces différents inconvénients, en chercher les causes pour les supprimer, c'est à cela que la science et l'industrie ont dû s'attacher depuis longtemps. Mais c'est à notre époque seulement que de grands progrès ont été réalisés à cet égard.

Quand nous nous plaignons d'êtres cahotés dans une modeste voiture de place, nous devrions nous reporter par la pensée à l'époque où l'on ne connaissait pas la suspension des voitures : aucune aspérité de la route n'échappait alors au voyageur. Un empereur romain, monté sur son char de triomphe, était, au milieu de sa gloire, aussi mal à son aise qu'un paysan sur sa charrette. Sauf quelques améliorations telles que l'emploi de coussins plus moelleux, les choses allèrent ainsi jusqu'à l'invention des ressorts d'acier que l'on emploie de nos jours, car les soupentes de cuir des carrosses d'autrefois laissaient encore beaucoup à désirer.

Est-ce à dire que le mode de suspension actuel des voitures à quatre et même à huit ressorts soit le dernier mot du progrès? Non, sans doute. Nos ressorts actuels diminuent la force des cahots, transforment une secousse brusque en un long balancement, mais le ressort parfait devrait garder toujours une force élastique constante, permettre aux roues et aux essieux toutes les vibrations que le sol leur commande, sans laisser rien arriver de ces ébranlements à la voiture elle-même.

Une bonne suspension ménage aussi le véhicule en supprimant les trépidations qui le disjoindraient et le détruiraient en peu de temps.

Enfin, la suspension ménage *la route elle-même*. A ce sujet, permettez-nous de rappeler une remarquable expérience du général Morin.

Sur une grande route en bon état on fait rouler, au trot de quatre chevaux, une diligence chargée d'un lest quelconque au lieu de voyageurs. Les ressorts de la voiture ont été enlevés de façon que la caisse pose sur les essieux. Après que la diligence a passé et repassé un certain nombre de fois, on constate que la route, sur laquelle s'est fait ce mouvement, est fort détériorée.

On replace les ressorts de la voiture et on répète, sur un autre endroit de la route, les mêmes va-et-vient ; il ne s'y produit plus, cette fois, de détérioration sérieuse. Il est donc bien prouvé qu'une bonne suspension des voitures est favorable au bon état des chemins.

Mais avec les voitures non suspendues, pour secouer ainsi les voyageurs, disjoindre le véhicule et défoncer la route, il fallait de la force, c'est le cheval qui devait la fournir ; de sorte qu'indépendamment du travail utile qu'on lui demandait, l'animal en fournissait encore d'autres qui donnait lieu à une multitude de chocs et n'avait que des effets nuisibles.

Pour démontrer l'inconvénient de ce genre de chocs quelques expériences vont être nécessaires.

En voici une que j'emprunte à Poncelet, elle est d'une réalisation facile et chacun peut la répéter. J'attache un poids de 5 *kg* à l'extrémité d'une petite ficelle; si, prenant en main l'extrémité libre de celle-ci, je soulève lentement le poids, vous constatez que la corde résiste au poids de 5 *kg* et le tient suspendu. Mais si j'essaye d'imprimer au même poids un soulèvement plus rapide, je me meurtris les doigts, la ficelle se rompt et le poids n'a pas bougé. L'effort que j'ai développé a été plus grand que tout à l'heure, puisqu'il a dépassé la résistance de la corde, mais la durée de cet effort a été trop brève et l'inertie du poids ne pouvant être vaincue, tout l'effort que j'ai fait a été dépensé en travail nuisible. Si, au lieu d'une corde inextensible, j'eusse attaché au poids un lien un peu extensible, le brusque effort de soulèvement que je viens de déployer eût été transformé en une action plus prolongée et le poids eût été soulevé sans rupture de la corde et sans contusion de mes doigts.

Pour rendre le phénomène plus facile à saisir, je vais faire une nouvelle expérience dans des conditions un peu différentes.

Vous voyez, sur un support vertical (*fig.* 1) une sorte de fléau de balance qui porte à l'un de ses bras un poids de 100 *g*, à l'autre un poids de 10 *g* suspendu au bout d'une ficelle d'un mètre de long. Entre ces deux poids inégaux, le fléau est maintenu par un encliquetage qui l'empêche de tomber du côté du poids le plus lourd, mais qui permet, au contraire, au fléau de s'incliner en sens inverse, si l'on développait à l'extrémité de la corde un effort supérieur au poids de 100 *g*.

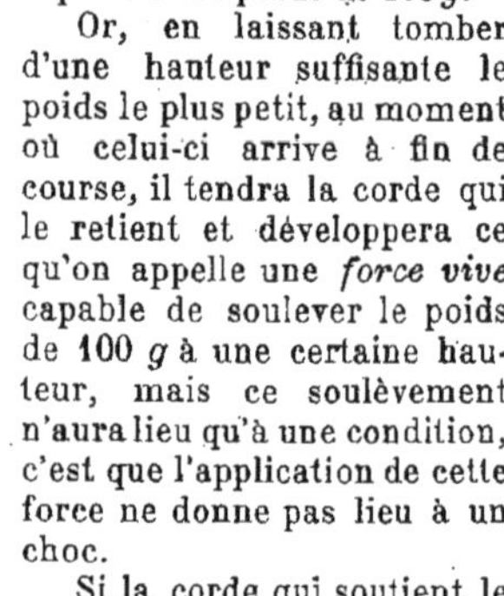

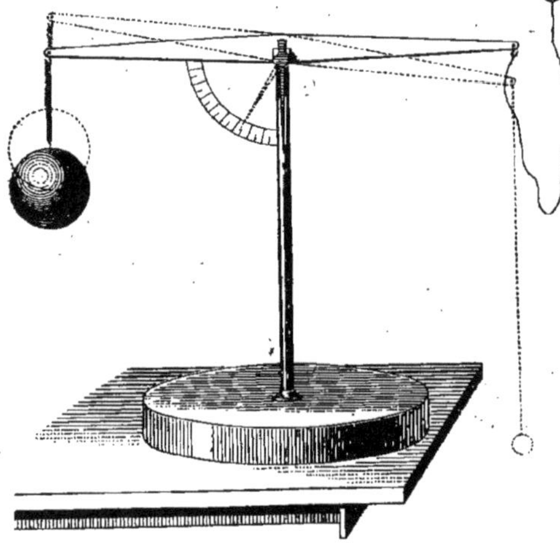

Fig. 1.

Or, en laissant tomber d'une hauteur suffisante le poids le plus petit, au moment où celui-ci arrive à fin de course, il tendra la corde qui le retient et développera ce qu'on appelle une *force vive* capable de soulever le poids de 100 *g* à une certaine hauteur, mais ce soulèvement n'aura lieu qu'à une condition, c'est que l'application de cette force ne donne pas lieu à un choc.

Si la corde qui soutient le poids de 100 *g* est inextensible, et si celle qui porte le poids de 10 *g* l'est également, au moment de la chute de celui-ci, vous entendrez un bruit sec; un choc ébranle tout l'appareil, mais le poids de 100 *g* n'est pas soulevé.

Suspendons maintenant ce poids de 100 *g* à un fil de caoutchouc ou à un ressort élastique, puis recommençons l'expérience. Vous voyez, à chaque fois que le petit poids tombe, que le poids de 100 *g* s'élève d'une certaine quantité. Mais cette élévation se fait dans des conditions particulières. Au moment où le poids tombe et où la corde se tend, le fléau s'incline, en tendant le ressort élastique, mais la masse de 100 *g* ne bouge pas encore; c'est seulement quand ce ressort est tendu que la masse, obéissant à l'action prolongée de ce ressort élastique, entre en mouvement et s'élève, ce qui représente un certain travail accompli. »

M. Marey en conclut qu'il est avantageux d'atteler les chevaux sur des traits élastiques, et le démontre pleinement d'ailleurs par des expériences directes.

La lecture de cette très intéressante conférence nous persuada que ce qui est vrai pour les traits l'est aussi pour les roues et que la suppression des chocs dans la traction économise une certaine partie du travail moteur. Mais dans quelle proportion l'économise-t-elle; et les chiffres avancés par Thomson et par le *Mechanics' Magazine* sont-ils exacts? Cette économie a-t-elle une importance pratique réelle?

C'est ce qu'il était important pour nous de savoir :

Avant de nous lancer en grand dans la fabrication du bandage pneumatique pour voitures, il y avait lieu d'étudier de près ce bandage, de calculer, dans différents cas, l'économie obtenue sur l'effort et de voir quelle augmentation d'allure on obtient, sans qu'il y ait augmentation sensible de travail, selon la nature du terrain.

C'est le résultat de ces études que je prends la liberté de venir vous présenter aujourd'hui.

Je n'ai certes pas la prétention, Messieurs, de vous donner ici des résultats *absolus*, et les chiffres que je vous citerai plus loin pourront ne pas concorder avec ceux trouvés par un autre expérimentateur, s'il s'est placé dans des conditions différentes. Tout le monde sait, depuis les essais du général Morin, quelle influence ont : nature du sol, diamètre des roues, bonne ou mauvaise suspension. Nous nous sommes donc strictement et seulement préoccupés de vous présenter des essais *absolument comparables*, nous avons cherché à réaliser complètement le *toutes choses égales d'ailleurs* et nous avons été satisfaits du moment que

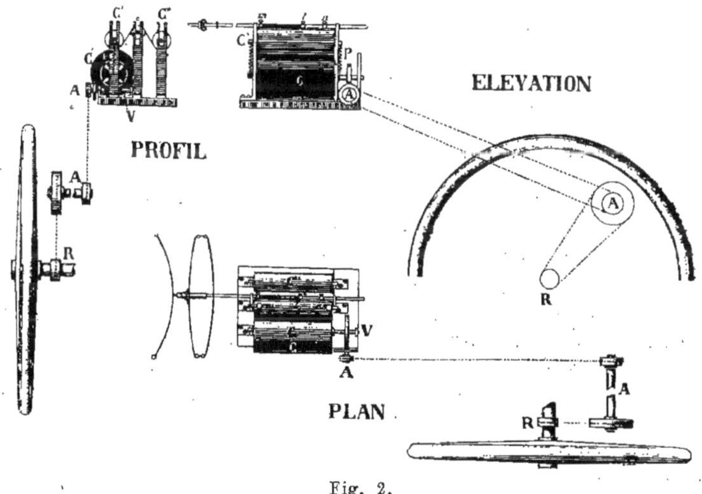

Fig. 2.

chaque essai fait avec roues pneumatiques a eu son pendant dans un essai fait avec roues ferrées.

Nous avons fait cinq séries d'essais : la première en janvier 1895; la deuxième, en août; la troisième, en novembre dernier; la quatrième, en janvier 1896; la cinquième et dernière, en février 1896.

L'appareil enregistreur (*fig.* 2) dont nous nous sommes servis comprend essentiellement un ressort dynamométrique formé de deux lames, articulées à leur extrémité, fixées, l'une au palonnier du break, l'autre à la caisse de la voiture.

Un système de cylindres sur lequel est enroulé le papier destiné à recevoir le diagramme que trace une pointe, maintenue par un petit ressort, et une série de roues dentées et de chaînes Vaucanson transmet au rouleau un mouvement de rotation qui suit exactement la variation de translation de la voiture.

Voici comment nous obtenons ce résultat :

Une première roue dentée R, calée sur l'essieu avant de la voiture, transmet, par une chaîne Vaucanson, le mouvement de cet essieu à un axe intermédiaire A, fixé à la caisse, lequel, à son tour, transmet le mouvement (toujours à l'aide d'une chaîne Vaucanson) à un troisième axe A'. Ce troisième axe porte une vis sans fin V qui engrène avec un pignon denté P monté sur l'axe d'un premier cylindre C. Tout ce système de transmission a pour but de réduire dans une certaine proportion le chemin parcouru, et on comprend que, dans ces conditions, toutes les variations de vitesse du break se reproduisent sur les rouleaux. En effet, le premier cylindre C, que nous garnissons de toile émeri, entraîne par frottement un deuxième cylindre C', appuyé contre lui par deux petits ressorts à boudin, et sur lequel s'enroule le papier où sera tracé le diagramme. On conçoit d'ailleurs facilement que, quelle que soit l'épaisseur du papier enroulé déjà sur ce cylindre C', la vitesse d'enroulement n'est pas modifiée, puisque c'est toujours la vitesse à la circonférence du cylindre C, lequel garde constamment le même diamètre.

Un troisième cylindre C'', entraîné par le même mouvement, sert de magasin à papier. Le papier, se déroulant du cylindre-magasin pour s'enrouler sur le cylindre enregistreur, passe sur un support cylindrique *c* qui permet de le maintenir tendu et c'est à son passage sur ce support qu'il reçoit les empreintes du crayon-traceur. Deux crayons *m*, *n*, maintenus à poste fixe et à distance invariable l'un de l'autre, tracent sur la bande de papier, pendant la marche, deux droites parallèles, qui peuvent servir de ligne de terre. Un troisième crayon *t*, celui qui tracera le diagramme, est placé entre les deux premiers sur une même génératrice de support cylindrique, il est appuyé contre ce support par un petit ressort; d'autre part, il est fixé à une petite tringle métallique laquelle se termine par une tête cylindrique, et celle-ci est prise par une pièce en forme de C fixée à l'une des lames du ressort dynamométrique ; un petit ressort antagoniste est roulé sur la tringle métallique, il vient buter contre le crayon-traceur et tend, par suite, à le ramener toujours à sa position initiale.

Voici maintenant comment nous avons procédé :

Avant d'accrocher les traits d'attelage au palonnier, nous avons soigneusement marqué la position du crayon-traceur *t* entre les deux crayons fixes *m*, *n*, soit *a* ce point ; il est bien évident qu'une parallèle aux lignes de terre, menée par ce point *a*, représentera la ligne correspondant à un effort de traction nul : on obtiendrait cette ligne en faisant tourner l'essieu d'avant sans déplacement de la voiture; si maintenant, on se met en mouvement, les efforts exercés par le cheval pour entraîner le break feront fléchir la lame du ressort, laquelle agira sur la tringle métallique et fera déplacer le crayon. On obtiendra pour un parcours donné, une courbe dont l'ordonnée moyenne prise à partir de la ligne d'effort nul représentera, en la multipliant par un coefficient déterminé à l'avance, par des essais de flexion du ressort, l'effort moyen exercé pendant le parcours.

Les données générales pour les cinq séries d'essais étaient les suivantes :

La voiture est un break de promenade très bien suspendu.

Diamètre des roues ferrées.	avant	0,92 *m*	arrière	1,12 *m*
Diamètre des roues pneumatiques . . .	—	0,90	—	1,20
Poids des roues ferrées.	—	58 *kg*	—	72 *kg*
Poids des roues pneumatiques	—	39	—	56
Poids du break vide, monté sur roues ferrées.				577
Poids du break vide, monté sur pneus.				542

Ce poids ne comprend pas le poids du cocher, qui toujours a conduit le break.

Première Série d'essais

Nos premiers essais ont été faits en janvier 1895. Trois jours leur ont été consacrés : le 5 janvier 1895, le sol étant couvert de 5 *cm* de neige; le 16 janvier, pendant le dégel, le sol étant couvert d'une boue épaisse mélangée de neige fondue; enfin, le 25 janvier, avec un sol normalement boueux. Nous vous donnerons, à titre de renseignements, les résultats trouvés dans ces trois journées, mais nous ne tiendrons pas compte, dans nos conclusions, des résultats du 16, parce que les essais n'ont été faits, ce jour-là, qu'avec des roues munies de bandages pneumatiques, et que nos conclusions se basent uniquement sur des essais absolument comparables. Le tableau ci-dessous vous montre toutefois l'influence que peut prendre la nature du sol sur la résistance au roulement, puisque nous obtenons comme moyenne des efforts dans les trois jours, toutes choses égales d'ailleurs, pour les roues munies de pneumatiques seulement :

Premiers essais : janvier 1895.

	VOITURE VIDE AU PAS	SURCHARGE 150 *kg* AU PAS	SURCHARGE 150 *kg* AU TROT	SURCHARGE 300 *kg* AU TROT
Journée du 5 : Neige....................	11,47 *kg*	12,71 *kg*	15,27 *kg*	18,00 *kg*
— 16 : Dégel (boue très épaisse et neige)..	20,94	21,73	24,89	29,77
— 25 : Boue ordinaire..........	10,50	12,43	12,97	14,16

Dans cette première série d'essais, le parcours suivi par la voiture était au total de 439,30 *m*.

Il était divisé, d'après la variation des pentes et des rampes, par des marques au crayon tracées sur le diagramme, au moment du passage devant des repères indiqués à l'avance sur le terrain.

En moyenne, nos parcours au pas ont été effectués à l'allure de 4,250 *km* à l'heure, avec les allures extrêmes de 3,250 *km* et de 4,500 *km*. Nos parcours, au trot, avec une allure moyenne de 10,700 *km* à l'heure avec limites de 9,900 *km* et 12,900 *km*. C'est sans aucun doute à ces variations d'allure qu'il faut attribuer certaines différences observées dans quelques essais semblables. En général, la concordance a été aussi satisfaisante qu'on pouvait le désirer dans des essais de ce genre. Nous avons pris les moyennes de plusieurs essais répétés dans les mêmes conditions de vitesse et de chargement avec les mêmes bandages, sur le même sol.

Ces moyennes nous ont donné, pour l'ensemble du parcours, les résultats suivants :

	ROUES FERRÉES	PNEUS
NEIGE. — *Essai du 5 janvier 1895.*		
Voiture vide : au pas	15,86 *kg*	11,47 *kg*
Surcharge : 150 *kg* au pas	17,83	12,71
Surcharge : 150 *kg* au trot	29,60	15,27
Surcharge : 300 *kg* au trot	31,17	17,96
BOUE. — *Essai du 25 janvier 1895.*		
Voiture vide : au pas	16,00	10,50
Surcharge : 150 *kg* au pas	17.30	12,43
Surcharge : 150 *kg* au trot	19,55	12,97
Surcharge : 300 *kg* au trot	23.06	14,16

Ces résultats peuvent être représentés d'une manière plus frappante par un graphique (Pl. I). (*Voir à la fin de la brochure.*)

Vous remarquerez que, dans tous les cas, l'avantage reste incontestablement au bandage pneumatique, cet avantage augmentant avec la charge et la vitesse et restant plus grand dans la neige que dans la boue ordinaire. Vous remarquez que, si je prends la moyenne pour le parcours entier à toutes allures et avec toutes surcharges (100 représentant l'effort pour le pneu), je trouve pour les roues ferrées :

Dans la neige. . . . 164, et dans la boue 151

Au trot seulement, c'est-à-dire à l'allure normale, je trouve :

Neige . . . . 182,9, boue. 157

C'est donc une énorme économie, économie que l'on peut formuler de la façon suivante : là où il faut trois chevaux avec le fer, il suffit de deux chevaux avec le pneu.

Deuxième Série d'essais (*août* 1895)

Cette deuxième série d'essais a été effectuée au pas et au trot, dans les mêmes conditions que la première, en ce qui concerne les roues ferrées ou les pneus.

Cette fois, au lieu de prendre comme précédemment, toujours le même terrain, parcouru à des jours différents où la nature du sol s'était profondément modifiée, nous avons essayé différents terrains dans les mêmes conditions de sécheresse.

Les parcours effectués ont été les suivants :

A. — Place des Carmes, macadam neuf, sec, poussiéreux, 303 *m*
B. — Rue Bansac, bon pavé, sec, descente de 1,2 0/0 140
C. — — — montée de 1,2 0/0 140
D. — — macadam sec, montée de 3,5 0/0 100
E. — Avenue Carnot, macadam en bon état, rampe 5,8 0/0 112

Chaque groupe d'essais a été répété trois fois et nous donnons ci-après les efforts moyens correspondant à chaque parcours aux différentes allures, avec les différents bandages et sous les différentes charges. Ces efforts moyens ont été obtenus, comme dans le cas précédent, en multipliant l'ordonnée moyenne des diagrammes planimétrés par un coefficient déterminé par des essais de flexion faits au préalable sur le ressort dynamométrique.

Dans cette série, certains essais ont été anormaux; dans quelques-uns, le cheval a trottiné, c'est-à-dire qu'il a dépensé inutilement sa force. Dans d'autres, il faisait un très violent vent debout, et le vent a une influence très grande, que personne ne songe plus à nier; on peut demander aux cyclistes ce qu'ils en pensent.

Quoi qu'il en soit, si nous prenons les efforts moyens dans l'ensemble des parcours, nous arrivons aux chiffres suivants :

	ROUES FERRÉES	PNEUS	Si la traction pneu = 100
Voiture vide : au pas.........	17,42 *kg*	14,05 *kg*	La traction ferrée = 124
Voiture vide : au trot	20,41	15,95	— = 128
Surcharge : 300 *kg* au pas.....	20,75	16,14	— = 128,5
Surcharge : 300 *kg* au trot.....	29,70	16,40	— = 181

Nous avons représenté ces résultats par un tracé graphique (Pl. I).

Ici encore, l'avantage du pneu saute aux yeux. Vous remarquerez qu'il augmente considérablement avec la vitesse et avec la charge ; ce qui n'a rien pour nous étonner, puisque l'économie de traction provient de la suppression des chocs.

En prenant enfin la moyenne générale, nous obtenons, pour tous parcours, à toutes allures et pour toutes surcharges : pour les roues ferrées, 22,07 *kg;* pour les pneus, 15,63 *kg*.

Si nous appelons 100 l'effort pour le pneu, l'effort moyen pour la roue ferrée, à toutes allures et à toutes surcharges, sera 141,2. Et si nous considérons seulement les résultats obtenus au trot, les seuls intéressants (l'allure du pas étant absolument exceptionnelle pour les voitures à pneus), l'effort sur le break avec pneus, étant toujours représenté par 100, l'effort correspondant, avec roues ferrées, sera exprimé par 154,90.

Donc, au trot, même sur sol dur et lisse, l'emploi du pneu donne encore une grande économie de traction (environ 1/3).

Troisième Série d'essais (*novembre* 1895)

Ici, nous avons varié davantage encore les natures de terrain. Les parcours ont été choisis intentionnellement de peu d'étendue et très exactement délimités, avec rampes légères et régulières. De plus, pour supprimer toutes les irrégularités d'allure, au lieu de planimétrer le diagramme entier, nous avons laissé de côté les parties extrêmes, correspondant à une longueur de parcours de 15 ou 20 *m* après le départ et de 15 ou 20 *m* avant l'arrivée : nous avons ainsi fait disparaître les à-coups du départ et de l'arrivée. Nous avons, en effet, constaté qu'entre deux planimétrages faits pour un même parcours, d'abord sur le diagramme entier, puis en retranchant 15 *m* à l'avant, 15 *m* à l'arrière, il y avait toujours pour l'ordonnée moyenne, c'est-à-dire pour l'effort, une différence en moins en faveur du dernier, mais que cette différence était loin d'être régulière.

Vous le voyez, nous sommes progressivement arrivés à améliorer notre manière de procéder.

Les essais ont d'abord été faits avec les roues ferrées, ensuite avec les pneus; *puis, il nous a paru intéressant*, pour compléter l'étude, de recommencer les mêmes expériences avec des bandages de roues *en caoutchouc plein*.

Les parcours effectués sont définis comme suit :

A. — Avenue des Carmes, longueur totale du parcours, 140 *m*, longueur planimétrée, 110 *m*; rampe de 1,5 0/0, macadam assez bon, moins sain cependant qu'à l'époque des essais de la deuxième série.

B. — Rue Bansac, bon pavé régulier, rampe 1,2 0/0, longueur totale 140 *m*, longueur planimétrée, 110 *m*.

C. — Rue Bansac, mauvais pavé, irrégulier en cailloux de l'Allier, rampe 1,9 0/0, longueur totale 80 *m*, longueur planimétrée 50 *m*.

D. — Avenue Carnot, forte rampe de 5,8 0/0, macadam en bon état, longueur totale 112 *m*, longueur planimétrée, 80 *m*.

E. — Bas-Chanturgue, chemin de vigne très mal entretenu, longueur totale 80 *m*, longueur planimétrée 50 *m*.

Tous ces parcours ont été exécutés avec les différents bandages *au trot seulement*, le break étant vide ; puis, au pas et au trot, le break étant chargé de 300 *kg*. Toutefois, les deux derniers parcours D et E, n'ont été faits qu'au pas, break chargé de 300 *kg*, et cela en raison de la forte rampe du parcours de l'avenue Carnot et du très mauvais sol du chemin de vigne du terroir de Bas-Chanturgue. Malgré toutes les précautions prises, il a été constaté dans les mêmes parcours, d'un essai à l'autre, et pour une même allure, des différences de temps allant jusqu'à 10 0/0; l'inspection des diagrammes montre que, dans quelques essais, l'allure du cheval a été *crescendo* du commencement à la fin, de telle sorte que, dans ce cas, l'ordonnée moyenne est plus forte qu'elle n'aurait dû être avec une allure régulière. D'autres résultats ont aussi été faussés par le vent. Nous avons souligné les chiffres que nous avons jugé entachés d'erreurs. Chaque parcours a été fait trois fois pour chaque bandage dans les mêmes conditions de charge et d'allure, et les moyennes obtenues sont consignées dans le tableau ci-après et dans le graphique (Pl. I).

Dans l'essai avec roues ferrées (300 *km* au trot, parcours A) l'allure a été irrégulière. Dans les deux essais en charge, avec pneus, au pas, et au trot (parcours B), qui ont été faits le même jour, le vent soufflait avec une très grande force.

Quoi qu'il en soit, nous remarquons à nouveau que, si, au pas, l'avantage des roues pneumatiques sur les roues ferrées n'est pas énorme et devient presque nul si le sol est dur et lisse, au trot, il devient très important, d'autant plus important que le sol est plus mou et plus rugueux.

Quant aux caoutchoucs pleins, si nous les comparons aux pneumatiques, nous constatons qu'ils leur sont toujours très inférieurs, quelle que soit l'allure et quelle que soit la charge; si nous les comparons aux bandages en fer, nous constatons, *qu'au pas*, ils sont *toujours plus tirants* que le fer, sauf sur un mauvais macadam à ornières; *qu'au trot*, ils sont *plus tirants* sur le bon pavé régulier et *moins tirants* sur le macadam ou le mauvais pavé. Dans ce dernier cas seulement, ils présentent un faible avantage sur le fer.

Si nous prenons maintenant la moyenne de toutes les vitesses dans les trois parcours A. B. C., nous obtenons :

	Roues ferrées	Pneus	Caoutchoucs pleins
	—	—	—
Voiture vide, au trot. . .	20,87	15,45	20,07
Surcharge 300 *kg* au pas.	22,10	19,87	25,69
— au trot.	29,52	20,65	28,62

Si enfin, nous prenons, dans ces mêmes parcours, les moyennes à toutes allures et charges, nous arrivons à :

Pneus.	18,66
Roues ferrées.	24,16
Pleins.	24,79

Si nous représentons par 100 la traction avec pneus, nous obtenons comme moyenne générale :

Roues ferrées.	129,4
Pleins.	132,8

Et pour l'allure du trot la seule réellement intéressante :

Pneus.	100
Roues caoutchoucs pleins.	134,9
Roues ferrées.	139,6

Troisième série d'essais. — Novembre 1895.

	VOITURE VIDE : AU TROT			SURCHARGE 300 *kg* : AU PAS			SURCHARGE 300 *kg* : AU TROT		
	FER	PNEUS	PLEINS	FER	PNEUS	PLEINS	FER	PNEUS	PLEINS
	kg	*kg*	*kg*	*kg*	*kg*	*kg*	*kg*	*kg*	*kg*
Parcours A Macadam assez bon état, un peu humide.............. Rampe 1,5 0/0.	22,38	14,34	19,22	22,88	18,79	25,03	**31,12**	18,9	28,25
Parcours B Bon pavé régulier, sec et propre.................... Rampe 1,2 0/0.	14,83	12,53	17,80	18,89	**18,68**	22,12	21,30	**20,50**	24,90
Parcours C Mauvais pavé irrégulier en cailloux de l'Allier........ Rampe 1,9 0/0.	24,39	19,49	23,20	24,53	22,16	29,92	36,13	22,55	32,70
Parcours D Macadam en bon état.................................. Rampe 5,8 0/0.	»	»	»	47,73	46,81	49,58	»	»	»
Parcours E Macadam mal entretenu avec ornières............... Rampe 5 0/0.	»	»	»	83,69	56,64	77,91	»	59,25	»

Les résultats de cette troisième série d'essais confirment ceux des deux autres et montrent, en outre, que plus le sol est mauvais, plus l'économie due aux pneus est considérable.

Voici un cheval qui fait un effort de 18*kg* sur le très bon pavé. Vous l'amenez dans le chemin des vignes de Chanturgue ; ne soyez pas étonné s'il est épuisé le soir : vous lui avez demandé un effort de 83*kg*. Il est réellement intéressant d'éviter ce maximum. Avec le pneu, c'est 56*kg* seulement que vous aurez à lui demander.

Vous remarquerez que nous ne vous donnons pas d'essais avec roues ferrées, au trot, dans ce chemin des vignes de Chanturgue. Le motif de cette abstention, Messieurs, est digne de votre attention. Nous avons essayé, nous n'avons pas pu, parc que, à deux reprises différentes, nous avons eu des *avaries* à notre dynamomètre, par suite des *cahots*.

Quatrième Série d'essais (*janvier* 1896)

Nous avons eu l'occasion, dans toutes les séries précédentes, de signaler quelques erreurs. — La quatrième série d'essais a eu pour but de liquider ces contradictions bien que peu importantes. C'est un essai de vérification, nous ne l'avons composé que d'essais au trot ; il a vérifié tous les résultats précédents.

Les parcours ont été les suivants :

A. — Rue Montlosier, partie pavée, pavé assez régulier, longueur totale 180*m*, longueur planimétrée 140 *m*, rampe 1,8 0/0.

B. — Rue Montlosier, macadam vieux, un peu déformé, longueur totale 150*m*, longueur planimétrée 110*m*, rampe 1,8 0/0.

C. — Rue Bansac, bon pavé régulier, longueur totale 140 *m*, longueur planimétrée 100 *m*, rampe 1,2 0/0.

D. — Rue Bansac, mauvais pavé irrégulier, en cailloux de l'Allier, longueur totale 80 *m*, longueur planimétrée 50 *m*, rampe 1,9 0/0.

L'allure normale a été de 10,5*km* à l'heure environ.

Chaque parcours a été fait un assez grand nombre de fois, avec chaque bandage, dans chaque terrain, on a éliminé tous les diagrammes où il avait été constaté une allure irrégulière. La moyenne des autres a donné les résultats consignés au tableau ci-dessous et au tracé graphique figuré Planche I. Ces résultats vous montrent une fois de plus ce qui maintenant, je crois, ne peut plus faire de doute pour personne, à savoir que le pneu donne une **économie** importante **dans tous les cas** ; et, que plus le terrain est en mauvais état, plus il l'emporte sur les autres bandages ; ce qui est extrêmement intéressant dans la pratique.

Quatrième série d'essais. — Janvier 1896.

ALLURE : LE TROT (10,500 *km* A L'HEURE)	PNEUS	ROUES FERRÉES	CAOUTCHOUCS PLEINS
Parcours A			
Pavé assez régulier. Rampe 1,8 0/0.	*kg*	*kg*	*kg*
1° Sec, gelé	19,4	25,9	25,4
2° Boue liquide, un peu collante	21,65	29,6	28,3
3° La même boue, séchée	20,25	27,2	26,4
Parcours B			
Macadam vieux, un peu défoncé. Rampe 1,8 0/0.			
1° Sec, gelé	20,6	22,8	24,8
2° Boue liquide, un peu collante	23,2	31,7	29,2
3° Cette même boue, séchée	22,4	28,16	27,5
Parcours C			
Bon pavé régulier. Rampe 1,2 0/0.			
1° Sec	14,8	18,2	18,8
2° Mouillé	16,1	19,8	21 »
Parcours D			
Mauvais pavé irrégulier. Rampe 1,9 0/0.			
1° Sec	19,4	29,1	27,8
2° Mouillé	22,2	32,4	29,7

Si nous représentons par 100 l'effort nécessaire pour traîner le break, monté sur pneus, nous trouvons :

Sur bon pavé avec boue légèrement collante	Roues ferrées	136,7
	Pleins	130,7
Sur mauvais pavé sec	Roues ferrées	150
	Pleins	143

tandis que sur un bon pavé régulier sec, nous avons :

Pneus	100
Roues ferrées	123
Pleins	127

Cinquième Série d'essais (*février* 1896)

Tous nos essais ont montré que l'économie du pneu était plus importante au trot qu'au pas. On peut même dire que l'effort pris par le pneu reste sensiblement constant au pas et au trot, tandis que celui pris par le fer augmente notablement avec la vitesse.

Il était intéressant de voir ce qui se passe quand on augmente encore l'allure, nos essais au trot ayant été faits à la vitesse de 10,500 *km* à l'heure, vitesse évidemment bien dépassée par les voitures automobiles, ainsi que par un bon cheval.

Nous avons choisi pour ce dernier essai un macadam bien régulier, sur une longueur de 140 *m*, dont nous avons planimétré seulement 100 *m*, présentant une rampe de 1,5 0/0.

Chaque essai a été répété plusieurs fois, le break étant vide. Nous avons obtenu les vitesses moyennes suivantes ; on n'est pas facilement maître des vitesses d'un cheval et elles ne sont pas identiques :

Pour les pneus, 4,900 *km* au pas ; 10,500 *km* au trot ordinaire ; 15,120 *km* au trot accéléré.

Pour les roues ferrées, 4,550 *km* au pas ; 10,940 *km* au trot ordinaire ; 15,120 *km* au trot accéléré.

Les moyennes des efforts relevés ont été les suivantes :

Pour les pneus, 13 *kg* au pas ; 13,5 *kg* au trot ordinaire ; 13,5 *kg* au trot accéléré.

Pour les roues ferrées : 13,8 *kg* au pas ; 17 *kg* au trot ordinaire ; 22,1 *kg* au trot accéléré.

Nous remarquons qu'au trot ordinaire et au trot accéléré, les résultats pour les pneus sont absolument les mêmes, et pourtant les vitesses ont été bien différentes puisque le parcours de 140 *m* a été exécuté, dans un cas en 48″, et dans l'autre en 33″. Il semble donc qu'on peut en conclure que, quelle que soit la vitesse, dans des limites raisonnables, bien entendu, l'effort de traction ne varie guère avec des pneus et sur un bon sol.

Si vous voulez bien vous reporter aux autres séries d'essais, vous constaterez que cela s'est généralement réalisé, dans presque tous les cas, à très peu de chose près.

Donc, l'avantage du pneu sur le fer augmente avec la rapidité de l'allure. Si nous prenons 100 comme traction pneu, nous obtenons pour la traction ferrée : au trot ordinaire, 126 ; au trot accéléré, 164. Nul doute qu'en augmentant la vitesse, on n'arrive à des rapports plus élevés encore. Je laisse aux automobilistes le soin de continuer cette étude.

Il est à remarquer qu'en faisant le rapport des efforts de traction aux vitesses, nous trouvons pour les roues ferrées : au trot ordinaire, 17 : 10,940 *m* = 1,55 ; trot accéléré, 22,1 : 15,120 *m* = 1,46.

Ces deux rapports sont sensiblement les mêmes, ce qui est conforme à l'une des lois exprimées par le général Morin dans son travail sur le tirage des voitures à roues ferrées, à savoir que, à partir d'une certaine vitesse, les accroissements de tirage sont à peu près proportionnels aux accroissements de vitesse.

Je me résume : nous avons cinq séries d'essais faits à des époques différentes de l'année, sur des terrains variés, bon pavé, mauvais pavé, macadam en bon état ou un peu vieux, sec ou mouillé, dans la boue collante, dans la neige, dans le dégel, avec des allures différentes. Nous avons donc considéré la plupart des cas possibles.

Voici les conclusions de nos essais :

Le bandage en caoutchouc plein est meilleur que la roue ferrée dans certains cas, spécialement au trot, si le sol est mou, très irrégulier ou couvert de neige; mais il devient inférieur au fer si le sol est dur et lisse; d'ailleurs, il ne s'écarte jamais beaucoup de la roue ferrée et reste toujours très inférieur au pneumatique.

Le pneumatique, au contraire, est supérieur de moitié à la roue ferrée.

Chose curieuse, nous avons vu bien des gens qui, de prime abord, et à la simple vue des pneus, sans avoir rien essayé, affirment que ces gros bandages doivent tirer horriblement. Nous croyons avoir suffisamment démontré qu'il n'en est rien, puisque, contrairement à leurs prévisions, c'est justement dans les mauvais terrains, dans la boue, dans la neige, que l'avantage du pneu éclate. Et je dois vous faire remarquer que nous nous sommes placés dans des conditions toutes spéciales pour ces essais : le break employé est parfaitement bien suspendu, ce qui n'arrive guère pour les fiacres; et il est plus que probable qu'avec une voiture moins bien suspendue, les différences d'effort entre le pneu et la roue ferrée auraient été plus sensibles. De plus, la traction s'exerçait sur une lame de ressort. La différence d'effort eût pu encore être augmentée du fait de la suppression de cette traction élastique. Ceci explique pourquoi les économies de traction trouvées par Thomson, en 1847, sont beaucoup plus fortes que les nôtres, puisque sa voiture d'expériences était montée sans ressorts.

Nous avons voulu rapprocher les résultats que nous avons obtenus de ceux indiqués par le général Morin dans les expériences qu'il fit, de 1837 à 1841, sur le tirage des voitures. Nous avons pris les résultats obtenus dans notre cinquième série d'essais et nous avons fait un essai complémentaire avec roues ferrées sur un bon pavé sec, se rapprochant autant que possible du pavé sur lequel opéra le général Morin. Ce dernier essai nous a donné comme effort.

Au pas.	12,9 *kg*
Au trot.	18,8 *kg*

Dans les tableaux résumant son mémoire, le général Morin indique le rapport existant entre le poids total de la voiture et l'effort nécessaire pour traîner cette voiture.

Nous avons comparé les chiffres que nous avons obtenus (avec les roues ferrées, bien entendu, puisque les formules de Morin ont été établies à la suite d'expériences sur bandages en fer) avec ceux des tableaux du général Morin, et nous avons constaté que nos chiffres sont toujours au-dessous de l'effort donné par les formules ; ceci tient, évidemment, à la meilleure suspension de notre break et à la traction sur lame de ressort qui supprime, dans une certaine mesure, les chocs, les à-coups, et, par suite, tend à diminuer l'effort, comme l'a victorieusement démontré le professeur Marey.

Mais, si nous comparons entre eux les divers efforts, en prenant, par exemple, 100 comme effort de traction, au pas, nous arrivons aux résultats suivants :

EFFORT CALCULÉ D'APRÈS MORIN		EFFORT MOYEN RELEVÉ PAR NOUS AU DIAGRAMME.	
1er *Cas.* — Sur macadam en bon état, poussiéreux : Au pas	100	1er *Cas.* — Sur macadam, en bon état, poussiéreux : Au pas	100
Au trot	127	Au trot	123
Au grand trot	152	Au grand trot	160
2e *Cas.* — Sur bon pavé sec : Au pas	100	2e *Cas.* — Sur bon pavé sec : Au pas	100
Au trot	151	Au trot	146

Les résultats sont donc presque identiques, et nous sommes en droit de conclure que notre manière d'opérer a été bonne et que l'ensemble de nos chiffres, en éliminant quelques anomalies que nous vous avons signalées au passage, peut être considéré comme exact.

LE CONFORTABLE

Toute cette première partie de notre étude a eu pour but de démontrer que l'effort de traction est notablement moindre dans le cas du bandage pneumatique que dans le cas de la roue ferrée. J'espère y être arrivé.

Mais s'il est *très humain*, si je puis ainsi parler, d'améliorer le sort du cheval, la plus noble conquête de l'homme, en diminuant le travail qu'il a à fournir, s'il est économique de diminuer la puissance du moteur nécessaire pour la traction d'une voiture automobile donnée, il est une question qui me semble aussi intéressante, c'est celle du *confortable* du monsieur qui se fait voiturer.

Est-on mieux dans un véhicule suspendu sur bandages pneumatiques que dans une voiture avec roues ferrées? La réponse ne peut pas être douteuse.

Il y a d'abord un confortable d'un genre spécial obtenu par le pneu, c'est *le silence* : une voiture à pneus s'avance sans bruit aucun, comme un bateau sur l'eau, et c'est là un confortable d'un genre particulier et exquis.

Même sur les plus gros pavés, même en voiture fermée, le silence est complet, absolu, et l'on peut causer dans sa voiture comme dans un salon. Ce silence provient de deux causes. D'une part, la suppression du bruit de fer des roues qui écrasent les cailloux sur le sol et, d'autre part, la suppression des vibrations de la voiture.

On s'était habitué au bourdonnement continu de la voiture, on était habitué à entendre ferrailler les roues sur le sol, mais on apprécie, avec une vivacité extraordinaire, le plaisir d'en être débarrassé, et quand on passe à côté d'une voiture à roues ferrées, on croit passer à côté du rouleau à écraser les cailloux.

Le pneu passe sur les cailloux de la route sans en casser un seul, quel que soit le poids de la voiture, et c'est à ce point que les ingénieurs de Ponts et Chaussées devraient proposer que les voitures à pneus fussent exonérées des impôts, car elles n'abîment pas les routes, elles n'enfoncent pas dans la boue, elles ne font pas d'ornières.

J'ai roulé dans une des automobiles à vapeur de MM. de Dion et Bouton, cette voiture pèse 2,489 *kg* en ordre de marche et compris six voyageurs; sa machine a une force de 18 *chx*. J'ai chronométré dans cette voiture des vitesses de 50 *km* à l'heure, elle peut faire plus, d'ailleurs, lorsque la route est libre; nous avons parcouru avec cette voiture le trajet de Paris à Clermont, soit 400 *km*; eh bien, cette masse énorme laisse à peine une trace sur la route, elle passe sur les cailloux sans les casser, comme je le disais tout à l'heure.

Fort bien, direz-vous, mais si le caillou ne se casse pas, c'est le pneu qui sera percé. Je vous avouerai que quand nous avons fait, à la demande de M. de Dion, cet essai audacieux de mettre des pneus à une voiture de 2 tonnes 1/2, je craignais fort des avaries. Bien que nous sachions, par des expériences nombreuses et répétées, qu'une voiture ordinaire peut passer impunément sur des empierrements neufs, le doute était permis en présence de ce mastodonte, de cette chaudière, de cette machine à vapeur de 18 *chx*.

Le pneu a triomphé complètement et voici pourquoi : il s'aplatit au contact du sol et sa surface d'appui est considérable : pour la voiture de Dion elle atteint une superficie de 30 cm^2 environ. Par conséquent, la

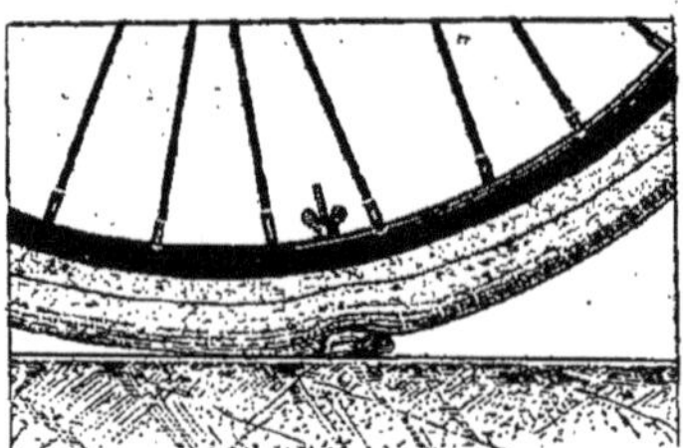
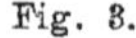
Fig. 3.

Fig. 4.

pression par centimètre carré et l'effort que subit le centimètre carré de surface est de beaucoup diminué. En outre, cette surface est constituée par une paroi de caoutchouc mince et souple, laquelle paroi s'appuie sur un coussin d'air comprimé, c'est-à-dire sur la chose du monde la plus facilement déformable. Au contact du caillou, la paroi se déforme, enveloppe le caillou, s'appuie sur son sommet, sur ses flancs, sur le sol autour de lui, et, par conséquent, le franchit sans être crevé : **le pneu boit l'obstacle.**

Le pneu boit l'obstacle

Retenez bien, Messieurs, cette propriété du pneu de se déformer au contact de l'obstacle, *de boire l'obstacle,* comme disent les cyclistes. C'est là le secret de toutes ses qualités.

Je prends la liberté de mettre sous vos yeux trois photographies qui vous montreront comment le pneu boit l'obstacle. L'obstacle dans l'espèce est un morceau de bois de 2 *cm* de hauteur sur 3 *cm* de large; vous verrez, dans la photographie (*fig.* 3), le pneu qui touche le sol avant l'obstacle et qui se déforme au contact de cet obstacle; dans la seconde (*fig.* 4), vous verrez le pneu qui vient de franchir l'obstacle et qui touche le sol en avant et en arrière en même temps; dans la troisième (*fig.* 5), vous verrez une roue en fer qui vient de passer sur le même obstacle, qui bondit et que l'appareil vient de clicher avant qu'elle ne soit retombée sur le sol.

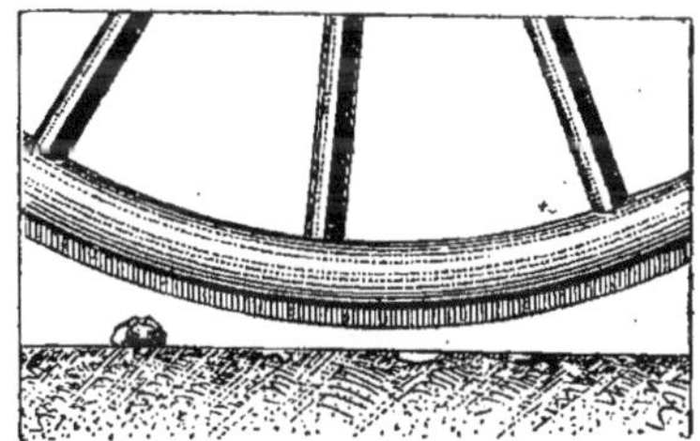

Fig. 5.

Outre ce silence qui donne à la locomotion sur route un peu du charme d'une promenade en bateau, le confortable du pneu est dû à la suppression des trépidations et à l'atténuation des chocs. Demandez aux cyclistes, qui étaient ridicules et rares il y a vingt ans, qui sont *M. Tout-le-monde* maintenant, ce qu'ils pensent de la suppression des trépidations, demandez-le surtout à ceux de la première heure, qui ont commencé à pédaler sur l'antique bécane à roues en fer, qu'ils se sont, d'ailleurs, empressés d'abandonner pour adopter le pneu, en passant par l'intermédiaire obligé, paraît-il, mais pourtant peu rationnel du caoutchouc plein et du caoutchouc creux; certes, s'il y a des gens compétents dans la question, je crois que ces cyclistes en font partie, puisqu'ils ont fait l'expérience sur leur propre personne, qu'ils se souviennent encore des trépidations dans les bras et dans les jambes sur tous terrains un peu irréguliers, des bonds sur la selle ou des chutes à la rencontre du moindre caillou. Aujourd'hui, tous ces inconvénients ont disparu : on roule sur les plus mauvais pavés sans trop de désagrément, et on ne s'aperçoit plus des pierres du chemin; le cycliste est solide sur sa selle, rien ne le fait broncher, et je ne crois pas qu'on puisse supposer que jamais Terront eût pu rester trois jours et trois nuits en selle, dans cette course de Paris-Brest aller et retour, qui restera mémorable dans l'histoire de la locomotion humaine, s'il n'avait pas eu des pneus à sa bicyclette. Sans le pneumatique, il y aurait à peine dix bicyclettes là où il y en a cent.

Mais dans quelle proportion le confortable est il augmenté? C'est ce que je vais essayer de vous montrer, en décrivant une série d'essais comparatifs faits à notre usine de Clermont-Ferrand.

Si quelques-uns parmi vous, Messieurs, ont visité le dernier Salon du Cycle, ils auront peut-être remarqué, en passant, le manège circulaire qui faisait partie de notre exposition, et où chacun pouvait se rendre compte personnellement de la différence du confortable entre une roue de voiture ordinaire et une roue avec pneus. Voici comment était installé cet appareil, qui est celui dont nous nous sommes servis pour nos essais.

Un arbre vertical était mis en mouvement par une transmission qu'il est inutile de décrire. Sur cet arbre étaient fixés, avec de petits axes permettant des mouvements dans le sens vertical, deux bras ou essieux, à peu près horizontaux et diamétralement opposés. Sur l'un de ces essieux était placée une roue ferrée, sur l'autre était placée une roue pneu; contre chacune des deux roues et immédiatement en dehors, à l'extrémité de l'arbre, étaient fixés deux sièges, sans aucune interposition de ressorts, notez ce point; les deux roues étaient placées à la même distance de l'arbre vertical et, par conséquent, roulaient sur la même piste circulaire; un quart de cette piste environ était garni d'obstacles : barres de fer de 2 ou 3 *cm* de hauteur. Le visiteur, qui désirait se rendre compte, était installé d'abord dans le siège placé sur l'arbre de la roue ferrée et on mettait l'arbre en mouvement : lorsque la roue arrivait sur les obstacles, un bruit considérable se produisait, le siège bondissait et le *patient* (on peut lui donner ce nom) recevait des secousses fort énergiques et fort rudes. Après cette épreuve, un peu cruelle il faut l'avouer, le visiteur était admis dans le siège monté sur la roue pneu, laquelle franchissait les obstacles sans bruit et avec des ondulations très douces et peu sensibles. Évidemment, les personnes qui étaient montées dans les deux fauteuils avaient des raisons convaincantes, je dirais presque des raisons contondantes, pour être persuadées, mais l'organisme humain n'est pas un enregistreur.

Pour mesurer exactement le confortable, en garder la trace et pouvoir vous la présenter, nous eûmes l'idée de placer un crayon-traceur à l'extrémité de l'essieu; de disposer en face de la partie de la piste où se trouvaient les obstacles un support, à développement circulaire évidemment, où nous pouvions placer une longue feuille de papier.

En outre, des obstacles furent disposés pour pouvoir être facilement changés. Il est évident que, dans ces conditions, le crayon devait inscrire sur le papier tous les mouvements de l'essieu.

Voici la liste de nos essais et voici, d'autre part, les différents diagrammes que nous avons tirés.

(*Voir à la fin, planche II*).

NUMÉROS DE L'ESSAI et du tracé.	NATURE des BANDAGES	SURCHARGE SUR L'ESSIEU	NUMÉROS ET NOMBRE des obstacles	DIMENSIONS DES OBSTACLES.
		kg		
1	Fer et pneu gonflé à 3 *kg*	50	1 obstacle nº 1.	Fer 10 *mm* de hauteur et 40 *mm* de largeur.
2	— —	50	1 — nº 2..	Fer de 20 mm^2.
3	— —	50	1 — nº 3..	Fer de 30 mm^2.
4	— —	130	1 — nº 1..	Fer de 10 *mm* × 40.
5	— —	130	1 — nº 2..	Fer de 20 mm^2.
6	— —	130	1 — nº 3..	Fer de 30 mm^2.
7	— —	50	3 obstacles nºs 3.	Fers de 30 mm^2.
8	— —	50	Obstacles nºs 4, 5, 6	Bois de formes variées.
9	Fer et pneu à 1,500 *kg*	50	— —	Bois de 60 *mm* de large et 30 de haut, formes variées.
10	Pneu à 1,500 *kg*	50	— nºs 7, 8, 9	Bois de 20 *mm* de large et 10 de haut, formes variées.

Ces diagrammes (Pl. II) sont des photographies de ceux fournis par l'appareil. Nous y avons représenté les obstacles variés employés dans nos différents essais, en leur donnant leur emplacement réel par rapport aux courbes tracées. Vous remarquerez d'abord que, sur ces diagrammes, les obstacles sont un peu plus grands que nature; cela tient à ce que notre essieu était légèrement incliné et que, par suite, les mouvements du bout de l'essieu étaient amplifiés par rapport à ceux du milieu de la roue. D'autre part, sur tous nos diagrammes, figure un tracé effectué par le crayon fixé à l'essieu dans le cas où la roue ferrée passait extrêmement lentement sur l'obstacle et qui nous donne, par là même, la ligne de terre et la hauteur réelle de l'obstacle. Or, en faisant passer ensuite la roue à la vitesse de 9,500 *km* à l'heure, quel que soit le bandage, que ce soit le pneu ou le fer, le crayon-traceur indique que l'essieu ne s'élèverait que quelque temps après que la roue a rencontré l'obstacle.

Ceci n'a rien d'étonnant pour le pneu, puisque le pneu s'écrase au contact de l'obstacle, mais rien de pareil ne devrait se passer pour la roue ferrée qui, elle, ne s'écrase pas.

Ce déplacement du maximum tient évidemment à la flexion de l'essieu, auquel est fixé le crayon. En effet, la charge est placée au delà de la roue, l'essieu a un porte à faux d'un mètre de longueur au bout de la roue et c'est à l'extrémité de cette longueur d'un mètre qu'est placé le crayon-traceur. Il n'y a donc rien d'étonnant à ce que, à la vitesse de 9,500 *km* à l'heure, c'est-à-dire de 2,700 *m* par seconde, il se produise une flexion appréciable. Nous l'avons, d'ailleurs, vérifié en soulevant la roue ferrée à une hauteur correspondant à celle de l'obstacle et en la laissant retomber sur la piste; le crayon traçait une ligne verticale descendant au-dessous de la ligne de terre.

Cette même flexion de l'essieu explique le fait, qui se reproduit également dans tous les diagrammes, à savoir que, même dans le cas de la roue ferrée, il y a une partie du tracé qui passe au-dessous de la ligne de terre, bien qu'il n'y ait pas d'écrasement possible du bandage; mais, permettez-moi de vous faire remarquer que notre essieu est un arbre en acier rond de 45 *mm* et que la flexion qu'il subit nous paraît bien suggestive et bien capable de faire comprendre à quel travail est soumis l'essieu d'une voiture.

Je vais vous présenter maintenant quelques observations sur plusieurs de nos diagrammes.

Importance du gonflement, c'est-à-dire de la pression à laquelle est gonflé le pneu. — Les trois premiers essais ont été faits avec une surcharge de 50 *kg* seulement. Dans ce cas, le rebondissement, à la rencontre de l'obstacle, est presque aussi fort dans le cas de la roue pneu que dans le cas de la roue ferrée, surtout avec les obstacles n^{os} **2** et **3** c'est-à-dire avec des obstacles d'une assez grande hauteur (2 et 3 *cm*).

Si nous prenons, au contraire, les essais 4, 5 et 6 faits sur les mêmes obstacles et avec le même gonflement de 3 *kg*, mais avec une charge plus forte sur l'essieu (130 *kg* au lieu de 50), la hauteur des rebondissements reste à peu près la même pour la roue ferrée, tandis qu'elle diminue dans de notables proportions pour la roue pneu, puisque au lieu d'être de 70 *mm* elle n'est plus que de 40. Ceci démontre la nécessité, dans l'emploi du pneu, de gonfler à une pression qui soit en rapport avec la charge existante sur les roues. Dans le premier cas, on avait un véritable *ballon*, dans le deuxième cas, on a ce qu'on doit avoir, c'est-à-dire *un coussin d'air*.

Le pneu est un ressort d'air comprimé dont la pesanteur est l'antagoniste. Il est facile de comprendre qu'il faut proportionner ces deux forces; donc, plus la voiture sera lourde, plus il faudra gonfler; plus elle sera légère, moins il faudra gonfler.

Dans la pratique et pour la dimension de pneu de 65 *mm* de boudin, ces pressions varient entre 3 et 5 *kg*.

Danger de trop gonfler

Mais ici intervient une question grave et qui naît de la constitution même du pneu. S'il est trop peu gonflé, lorsqu'il viendra au contact d'un gros obstacle, il s'aplatira et la jante métallique viendra cogner l'obstacle à travers les enveloppes de caoutchouc qui constituent le pneu. Le caoutchouc sera cisaillé. Il vaut donc, évidemment mieux, dans la pratique, tenir ses pneus un peu trop gonflés que pas assez gonflés; dans un cas, sans doute, on perd un peu de confortable, mais dans l'autre, on risque d'abîmer son bandage. Ainsi l'on arrive à cette double conclusion pratique : d'abord, c'est que le propriétaire d'un pneu doit, *lui-même*, s'occuper du gonflement de son bandage, ensuite, c'est qu'on doit gonfler davantage son pneu quand on roule dans un sol semé d'obstacles, défoncé, couvert de cailloux, que quand on roule sur le pavé en bois ou sur le macadam d'une ville; et enfin c'est qu'il faut gonfler davantage son pneu lorsqu'on va vite, puisque l'intensité des chocs augmente.

Passons à une deuxième observation. — L'essai n° 7 a éte fait avec trois obstacles en fer semblables, à savoir des fers carrés de 30 *mm* de côté et placés à une distance d'environ 50 *cm* les uns des autres. Tandis que la roue ferrée rebondit sur chaque obstacle, le pneu, au contraire, après avoir rebondi sur le premier, s'écrase à la rencontre des deux autres, qu'il semble pour ainsi dire *ignorer*.

Faites attention à l'allure des deux courbes : l'une se compose de trois ressauts brusques et qui montent en l'air suivant un angle de 35 degrés, c'est celle du fer; notez que la courbe serait plus brusque encore si l'essieu ne fléchissait pas sous le choc, comme nous venons de le voir. On sent là toute la perte de force et en même temps le manque de confortable, car ces deux conditions sont solidaires.

Le pneu, au contraire, au lieu de ressauts brusques, donne une série d'ondulations analogues à des vagues. Leur plus grand angle est de 15 degrés. Ainsi, avec le pneu, vous avez franchi une pente qui n'a rien d'excessif; avec le fer, vous êtes venu buter comme sur un angle de trottoir. Dans ce choc, vous avez cassé ou ébranlé quelques organes de votre voiture, vous avez donné un coup brutal sur les épaules de votre cheval, et, pour comble d'ironie, c'est au dépens de votre force vive que vous avez obtenu ce double et peu enviable résultat, tant il est vrai qu'il y a une solidarité absolue entre ces trois termes du problème de la locomotion : *confortable, économie du matériel et économie de force.*

Avec ces trois obstacles successifs de 3 *cm* de hauteur, nous sommes à peu près dans le cas d'une route très mal entretenue, présentant de distance en distance des aspérités, des cailloux qui dépassent le sol; et nous voyons qu'à chaque obstacle la roue en fer rebondit, subit des chocs, imprime des flexions à l'essieu, lesquelles se traduisent par des irrégularités dans notre courbe.

Le pneu, au contraire, après avoir rebondi sur le premier obstacle, sans choc grave, puisque la courbe est douce et régulière, s'écrase sur les autres; et il s'écrase à tel point, — permettez-moi d'insister tout particulièrement sur ce fait absolument bizarre, — qu'à l'endroit précis où se trouve l'obstacle n° **2**, la ligne tracée par le moyeu est **au-dessous** de la ligne de terre. Ainsi, le pneu s'est moqué de l'obstacle n° **2**; il n'y en a pas pour le pneu d'obstable n° **2**, il s'aplatit contre lui, l'enveloppe, l'absorbe : **il a bu l'obstacle**. Un obstacle en fer, de toute la largeur de la route, de 3 *cm* de hauteur et de largeur, est loin d'être négligeable, et cependant le pneu l'absorbe complètement et d'autant plus facilement qu'il a été projeté sur lui avec plus de force et que le ressort d'air comprimé, dont je parlais tout à l'heure, a fléchi davantage.

Il se présente même là un fait extrêmement curieux. Nous venons de faire passer la roue pneu sur trois obstacles semblables; eh bien, supprimons les deux derniers, faisons passer la roue et voyons la courbe : elle est presque identique à l'autre; sans doute, au-dessus du troisième obstacle, la roue, dans le premier cas, rebondit plus fort et plus haut, mais, au deuxième obstacle, il y a identité presque absolue, c'est-à-dire qu'il importe peu au pneu, animé d'une certaine vitesse et tombant avec une certaine force, de retomber sur un sol plat en ciment ou de retomber sur une barre de fer.

Nous avons répété plusieurs fois cette expérience parce qu'elle nous semblait extrêmement intéressante; elle démontre bien nettement que le pneu établit au-dessus de la route réelle *une route idéale, partout garnie d'un coussin d'air*, et à laquelle les inégalités de la route réelle ne portent pas de modifications sensibles.

Cependant, s'il est absolument vrai que le deuxième obstacle passe inaperçu, absolument inaperçu, parce que nous sommes venus le frapper avec une force vive accrue, il n'en est pas moins vrai que le premier obstacle de 3 *cm* a imprimé à notre moyeu un mouvement qui, pour être très doux, n'en est pas moins parfaitement appréciable.

Il était donc très intéressant d'étudier la question suivante :

Une voiture à pneus sans ressorts ignore, même au trot, tout obstacle de 1 centimètre de hauteur.

Quelle est la hauteur de l'obstacle, placé sur un sol absolument plat, que le pneu, pris dans des conditions pratiques d'emploi aux différents points de vue de la vitesse, de la charge et de la pression intérieure, pourra rencontrer sans que le moyeu reçoive aucun mouvement ?

Dans l'étude de cette question nous rencontrâmes une difficulté assez inattendue. Je vous ai dit tout à l'heure que nous avions tracé sur nos diagrammes la ligne de terre en faisant passer la roue à une vitesse très lente devant le papier enregistreur. Cette fois, nous la fîmes passer à la vitesse du trot; nous avons alors obtenu, non plus une droite, mais une courbe très allongée, très régulière et qui, tantôt passe au-dessus, tantôt passe au-dessous de la véritable ligne de terre. C'est dire que, même sans aucun obstacle, le moyeu s'élève et s'abaisse au-dessus et au-dessous de la ligne de terre réelle.

D'où vient cela? A notre avis, cela provient de l'élasticité du pneu lui-même qui amplifie et rythme, en quelque sorte, les vibrations produites par la vitesse dans notre manège.

Quoi qu'il en soit, comme la ligne tracée ne s'écarte que de quelques millimètres de la ligne de terre, comme, d'autre part, il eût fallu dépenser beaucoup de temps pour arriver à avoir un appareil absolument sans vibration, nous avons passé outre et nous avons entamé les expériences :

Trois règles, mesurant 1 *cm* de hauteur et 2 *cm* de largeur, furent placées sur la piste. La roue passa à la vitesse du trot et la courbe obtenue, comme vous pouvez le voir, ne subit aucune modification appréciable.

Ainsi, supposez que, sur un sol en ciment, on place à 60 *cm* de distance toute une série de barres de fer de 1 *cm* de hauteur et de 2 *cm* de largeur et qu'on vous amène là-dessus les yeux bandés dans une voiture à pneus, mais sans ressorts, ne l'oubliez pas, sans ressorts, vous déclarerez que vous passez sur un sol lisse.

C'est pourquoi je crois que je puis répéter la définition du pneu que je donnais tout à l'heure : le pneu établit sur la route réelle une route idéale, silencieuse, sans inégalités et qui est un coussin d'air.

Si je ne me trompe, Messieurs, vous aurez tiré de l'examen de nos différents essais, la conviction que, comme je vous le disais tout à l'heure, le confortable, l'économie du matériel et de la force nécessaire pour la propulsion, sont des termes solidaires entre eux; et que quiconque améliore le confortable doit, par cela même, améliorer la durée de la voiture et diminuer notablement l'effort de traction.

Il y a un dernier élément de la construction des voitures qui est solidaire avec les trois que je viens de citer, c'est la légèreté de la voiture elle-même; le poids dépensé pour la construction d'une voiture devient, surtout pour les voitures automobiles, un élément absolument essentiel et qui doit, à juste titre, préoccuper les constructeurs. Jusqu'ici ils étaient enfermés dans le cercle vicieux suivant: *faire léger* et alors être exposé à des ruptures; *faire lourd*, mais alors s'interdire absolument la vitesse, parce que, si vous déplacez une masse considérable avec une grande vitesse, les chocs acquièrent une telle intensité que rien ne peut y résister. Nous croyons que le pneu donne la solution de ce dilemme, parce qu'il permettra de réaliser une économie de poids considérable dans la construction des voitures. En voici un exemple qui nous paraît typique. **Allégement des voitures.**

Nous possédons à l'usine un quadricycle à trois personnes, c'est-à-dire une sorte de vélo à quatre roues et à trois sièges, mû par des pédales que font agir les trois personnes qui le montent. Nous plaçons, sur les quatre roues de ce véhicule, les pneus que nous voulons comparer entre eux, c'est notre instrument d'essai : trois ouvriers y prennent place et ils partent faire un certain nombre de kilomètres; on examine les pneus au retour. Les rayons des roues avaient un diamètre de 18 dixièmes de millimètres, c'est-à-dire une section de 254 dixièmes de millimètre carré, ils sont au nombre de trente-deux à l'avant et de quarante à l'arrière, leur section totale était donc de 36 576 dixièmes de millimètre carré. Le poids de la voiture, en ordre de marche, variait entre 280 et 300 *kg* suivant le poids des hommes. **Expérience du quadricycle à trois personnes.**

Après une série d'essais de pneus, nous n'avions constaté aucune rupture de rayons, lorsque, pour une commande importante, nous dûmes étudier le caoutchouc creux. On monta différentes qualités de caoutchouc creux sur les roues, en employant le même diamètre de rayons que pour les pneus; et nos trois hommes repartirent se promener sur les belles routes d'Auvergne; ils revinrent piteusement à pied en poussant leur véhicule : des rayons avaient cassé à toutes les roues. Nous fûmes obligés, pour pouvoir rouler tranquillement et sans trop d'avaries, de donner aux rayons un diamètre de 3,0 *mm*, soit une section de 706 dixièmes de millimètre carré, c'est-à-dire que la section totale passa de 36 576 dixièmes de millimètre carré à 101 664 dixièmes et qu'elle fut augmentée dans la proportion de 2,8, c'est-à-dire presque triplée. Et pourtant, les caoutchoucs creux présentent déjà un énorme avantage sur la roue ferrée : ce sont des tubes de 30 *mm* de diamètre, avec un trou central de 10 *mm*, et qui sont déjà capables d'amortir bien des chocs.

Quelle économie de poids ne pourra-t-on pas réaliser sur les voitures, si des organes essentiels, comme les rayons peuvent être allégés dans ces proportions par la substitution des pneus aux caoutchoucs creux ?

Les bicyclettes militaires : 21 *kg*. contre 12 *kg*.

Un autre exemple nous vient de la vélocipédie militaire.

Vous savez que l'usine de Puteaux fabrique un type de bicyclette réglementaire qui pèse 21 *kg* et qui est monté sur des caoutchoucs creux de 32 *mm* de diamètre. On vient de faire, à l'Ecole de Joinville, des essais comparatifs entre ces bicyclettes et les bicyclettes pliantes du capitaine Gérard, lesquelles pèsent 12 *kg* et sont montées sur des pneus. Les essais faits à Joinville ont consisté à parcourir en troupe un certain nombre de kilomètres (exactement 3.600) dans des chemins absolument quelconques. Les caoutchoucs creux ont péri et surtout leurs machines, malgré leur poids de 21 *kg*, et peut-être *à cause* de leur poids de 21 *kg* : les avaries des rayons, des fourches cassées ont été très nombreuses, tandis que les pneus et les machines montées sur pneus ont subi victorieusement cette dure épreuve.

Ces essais ont été assez concluants pour que le Ministre de la guerre ait décidé que les bicyclettes de la Compagnie cycliste militaire actuellement en formation seraient munies de pneumatiques Michelin.

Dans cette question de voiture, qui dit confortable pour les personnes dit durée, économie d'entretien et poids léger pour le matériel. Les Anglais appelaient « secoueurs d'os », *bone shakers*, les anciens vélos à roues ferrées. Quand on a les côtes secouées dans une voiture, que les mots qui sortent de vos lèvres sont comme hachés et coupés en deux, on peut être sûr que les boulons se cisaillent dans le mécanisme et que les joints prennent du jeu.

C'est vrai pour une voiture à chevaux, c'est encore bien plus vrai pour une voiture automobile. J'en ai eu, il y a quelques jours, un exemple frappant.

Une disposition de l'esprit humain est de personnaliser ce qu'il aime; les Grecs transformaient en dieux ou en déesses les forces de la nature, les beautés d'un vallon ou les charmes d'une source; pour tout bon mécanicien, sa machine est presque un être animé, c'en est un tout à fait pour un bon automobiliste.

C'est du velours.

Je promenais, l'autre jour, dans une automobile garnie de pneus, l'un de nos meilleurs constructeurs : « C'est du velours », disait-il pour dépeindre le confortable de la locomotion; et il ajoutait, en passant amicalement la main sur les pneus, couverts d'une noble poussière : « Ce que mon mécanisme va être bien là-dessus. »

On ne pouvait mieux dépeindre, en deux mots, les deux principaux avantages du pneu.

Construction du Pneu

Et maintenant comment est fait un pneu ? Dans quoi est enfermé ce coussin d'air comprimé ? Comment le fixe-t-on sur la roue de la voiture ?

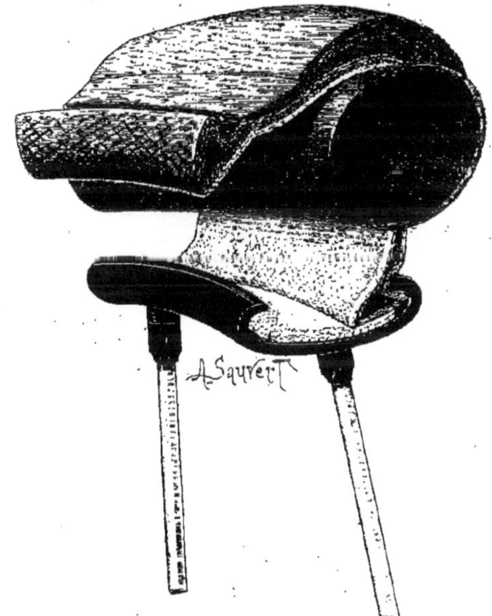

Fig. 6. — Montage avec rayons métalliques.

Voilà une série de questions pratiques auxquelles nous allons répondre.

Les matières employées sont le fer, matière rigide sur laquelle on accroche le caoutchouc, matière extensible (*fig.* 6).

L'âme du pneu c'est la chambre à air, c'est un tube de caoutchouc, sans fin. Son but, son seul but, est d'être étanche à l'air. Par conséquent on la fait en caoutchouc pur et sans toile, car la fibre textile est parfaitement perméable à l'air sous pression (j'insiste, en passant, sur ce fait, et je recommande, dans les réparations de la chambre à air, de ne pas employer de toile caoutchoutée).

Mais, d'autre part, la chambre à air en caoutchouc pur ne peut pas résister à une forte pression. Si on la gonflait fortement quand elle est nue, on la ferait éclater. C'est pourquoi on loge la chambre dans l'enveloppe. Cette enveloppe est faite en toile. La toile seule peut être à la fois assez résistante pour supporter la pression intérieure et les frictions extérieures, et assez souple pour se déformer sans prendre trop de force et sans s'abîmer.

La toile est rendue imputrescible par le caoutchoutage et est, en outre, protégée contre le frottement de la route par une couche de caoutchouc assez épaisse.

Le caoutchouc, — cela étonnait les contemporains de Thomson, cela

Fig. 7. — Montage à douilles.

étonne encore bien des gens, — le caoutchouc est, à l'heure actuelle, la substance qui résiste le mieux au frottement de la route et aux intempéries. Et vous pensez si on a cherché autre chose! car le caoutchouc de l'enveloppe doit être en excellente qualité et par conséquent il est très cher.

Nous faisons cette couche de caoutchouc extérieure avec une section en forme de croissant et indépendante de l'enveloppe proprement dite, de sorte qu'en cas d'usure le remplacement de l'une ou de l'autre des deux parties devient moins coûteux ; à cause de sa forme nous l'appelons le *croissant de protection*.

On voit que le réservoir d'air, ou *chambre à air*, est distinct de l'enveloppe. L'intérêt de ceci est facile à comprendre : que le bandage soit percé et même percé de part en part, rien ne sera plus facile que de faire une réparation *durable;* il suffira de décrocher un des deux bourrelets (*fig.* 6) et, ceci fait, de sortir la chambre à air ; on collera sur cette chambre à air une pastille de caoutchouc pur. Si la plaie de l'enveloppe est grave, ce qui est rare, on y placera une toile caoutchoutée à l'intérieur. On remontera le tout et on aura une réparation parfaitement étanche. En effet, d'une part, la pastille de caoutchouc ne subira aucun

Fig. 8. — Montage sur jante en bois.

effort, puisqu'elle viendra s'appuyer contre l'enveloppe (on a vu des chambres à air avec vingt pastilles, parfaitement étanches), et, d'autre part, la toile, qui constitue la réparation, s'appuyant, elle aussi, contre l'enveloppe, résistera parfaitement.

L'enveloppe peut être réunie à la jante par une foule de procédés.

Celui que nous avons choisi est le suivant :

L'enveloppe se termine à ses deux bords par deux bourrelets, bourrelets en forme de crochets qui viennent s'engager dans les crochets correspondants de la jante.

En outre, ces bourrelets sont maintenus en place et serrés par des boulons dits de sécurité et disposés de place en place (*fig.* 7, PQVU). Ils ne peuvent donc ni se déplacer ni sortir de la jante.

Ce mode d'attache présente un grand avantage :

On a essayé d'établir des pneus qui sont maintenus sur la jante simplement par la pression de l'air, c'est fort dangereux. En effet, si la pression de l'air diminue par une cause quelconque, on peut voir l'enveloppe s'échapper, se prendre dans les rais et causer un grave accident.

En outre, si la roue dérape et glisse dans une ornière ou dans un

Fig. 9. — Montage à rais en bois sur jante en bois.

tournant, l'effort d'arrachement peut se trouver plus considérable que la pression de l'air et le pneu peut éclater.

C'est pourquoi nous avons jugé bon d'employer ces crochets, qui pénètrent sous les crochets correspondants de la jante, et ces boulons de sécurité grâce auxquels les enveloppes ne peuvent sortir que par la volonté de l'homme.

Maintenant comment se fixe la jante métallique sur la roue en bois?

On peut poser cette jante spéciale sur une roue en bois ordinaire, comme on y pose le cercle habituel, c'est-à-dire en la chauffant, la mettant en place et lui laissant prendre son retrait, ce qui serre les jantes bois sur les rais et les rais sur les moyeux (*fig.* 8 et 9). Tous les carrossiers peuvent faire cette opération.

Mais, d'autre part, le pneu placé sur une jante en bois donne à la roue une grande lourdeur d'aspect (*fig.* 9). En effet, la jante en bois habituelle a 3 *cm* de hauteur, le pneu avec sa jante en a 7 à 8. C'est

Fig. 10. — Montage à douilles sur rais en bois.

donc une masse de 10 *cm* de hauteur qui va entourer la roue : la *roue aérienne* ainsi construite aura un aspect assez pesant.

Heureusement, la jante en bois n'a, vous le savez, d'autre but que de donner de l'élasticité à la roue.

On peut s'en dispenser, puisqu'on a le pneu; et l'on obtient un montage rationnel, plus économique et plus élégant, en supprimant

Fig. 11. — Montage à rayons métalliques directs.

Fig. 13. — Montage à rayons métalliques tangents.

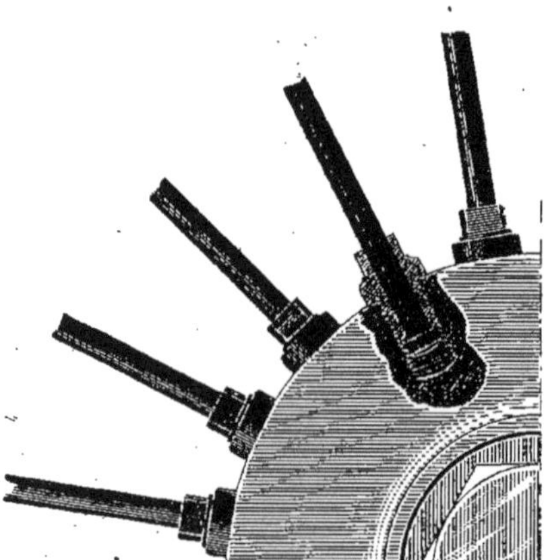

Fig. 12. — Coupe du moyeu métallique pour rayons directs.

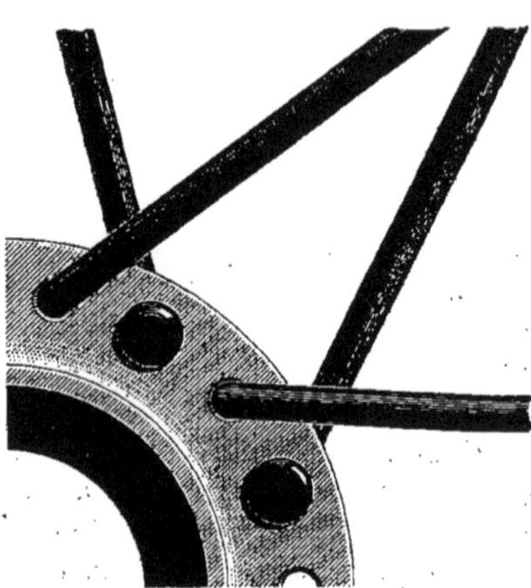

Fig. 14. — Coupe du moyeu pour rayons tangents.

purement et simplement la jante en bois et en prenant le bout des rais dans des douilles métalliques (*fig.* 7 *et* 10). La pose de la jante se fait à chaud, sur ces douilles, comme s'il y avait des jantes bois. Après le cerclage fait on fixe définitivement les douilles sur la jante avec des rivets.

Tout carrossier, qui aura reçu les quelques indications de détail utiles, sera capable de faire ce travail.

Mais, peut-être le pneumatique apportera-t-il une modification plus profonde aux roues de voitures. Nous voulons dire la suppression complète du bois et le remplacement des moyeux en bois et des rais en bois par des moyeux métalliques et des rayons métalliques. On a ainsi, évidemment, quelque chose d'identique (bien qu'un peu plus fort) aux roues de bicyclettes à rayons directs ou à rayons tangents.

Les figures 6, 11 et 12 donnent le montage sur roue métallique à rayons directs ; les figures 6, 13 et 14 indiquent le mode de montage sur roue métallique avec rayons tangents.

Nous en avons mis aux roues des fiacres qui roulent dans Paris sur nos pneus et nous attendons, depuis six mois, la première réparation. Je n'ai pas besoin de vous dire que le fameux châtrage, qui est un ennui plus qu'annuel avec les roues ferrées, n'existe pas avec les roues métalliques.

Les carrossiers trouvent cela fort laid; et peut-être n'ont-ils pas tort, car ces rayons très légers s'harmonisent peut-être assez mal avec une caisse d'omnibus ou de coupé. Je trouve, cependant, que ces roues sont loin d'être d'un vilain aspect, lorsqu'elles sont montées sur un buggy ou sur un mylord (*fig.* 11).

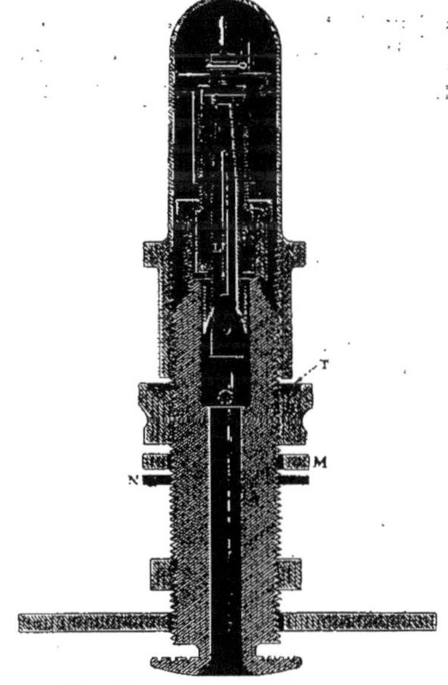

Fig. 15. — Coupe de la valve.

Du reste, ce n'est pas de l'avenir de la roue métallique qu'il s'agit, mais bien de l'avenir du pneu, et, si vous voulez me permettre de terminer cette conférence par une prophétie bien facile, je dirai que le pneumatique sera, dans peu d'années, aussi fréquent sur les voitures et sur les automobiles, qu'il l'est à l'heure actuelle sur les vélos, et je dis, Messieurs, que cette prophétie est facile à faire à cause des qualités du pneumatique, et parce que l'inventeur génial qui a créé le pneumatique en 1848, M. William Thomson, a bien vu la portée de son invention quand il a baptisé ses roues du nom si juste de roues aériennes, *aerial wheels*.

Il a dit juste, en vantant le silence de ses roues, leur économie de traction et de chocs; il a dit juste, en déclarant que le confortable qu'elles donnent ne peut être égalé par aucune autre espèce de suspension ; et, en effet, où trouvera-t-on matière plus souple que l'air?

Non seulement Thomson a inventé, non seulement il a vu et compris toute la portée, il a annoncé tout l'avenir de son invention, mais il n'a même pas laissé à ses successeurs à trouver la meilleure forme de réclame :

En 1845, MM. Whitehurst et Cie proposaient à leurs clients une promenade dans leur coupé. Aujourd'hui encore, cinq minutes de promenade silencieuse et confortable dans un des fiacres à pneumatiques qui roulent à Paris, seront pour vous une meilleure instruction sur le pneumatique que la lecture de vingt tableaux et l'audition de vingt conférences.

Dans cinq ans, toutes les voitures qui vont vite, qu'elles servent ou non au transport des personnes, seront munies de pneumatiques.

Imprimerie PAUL SCHMIDT, 5, avenue Verdier, Montrouge (Seine).

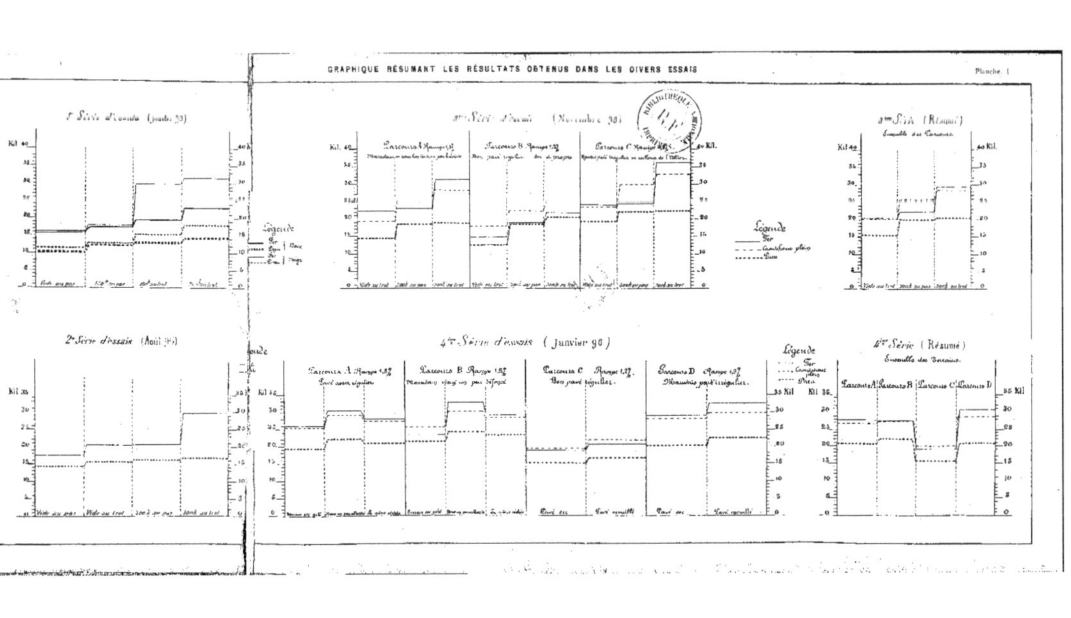
GRAPHIQUE RÉSUMANT LES RÉSULTATS OBTENUS DANS LES DIVERS ESSAIS
Planche. I
2e Série d'essais (Août 95)
4me Série d'essais (Janvier 96)
4me Série (Résumé)
Légende
Légende
Légende

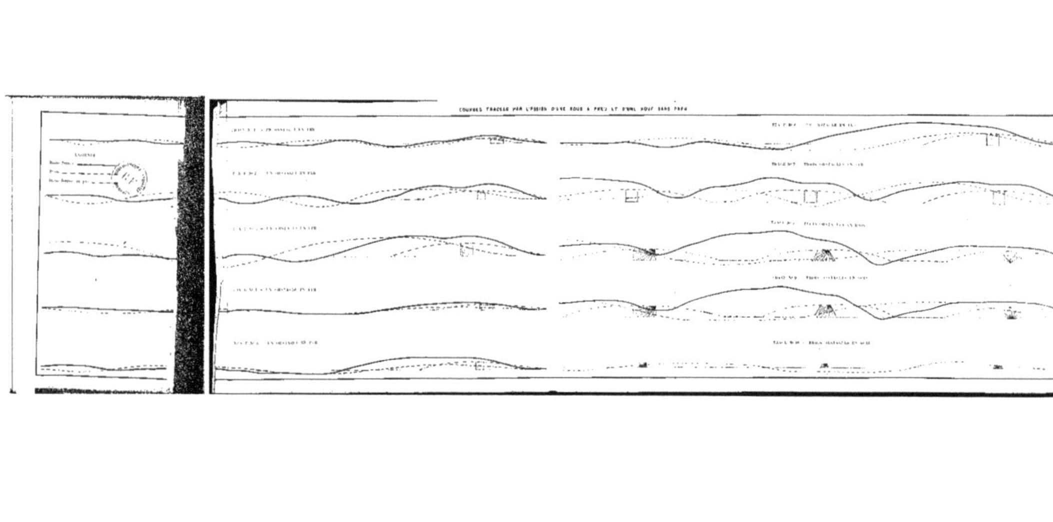
COURBES TRACÉES PAR L'ESSIEU D'UNE ROUE À PNEU ET D'UNE ROUE SANS PNEU

www.ingramcontent.com/pod-product-compliance
Ingram Content Group UK Ltd.
Pitfield, Milton Keynes, MK11 3LW, UK
UKHW021123230726
13926UKWH00002B/615

9 782014 057812